講談社文庫

実現可能な五つの方法

琉球独立宣言

松島泰勝

講談社

はじめに

　2004年8月13日、私は米海兵隊所属ヘリが墜落した沖縄国際大学にいました。大学正門前をはしる道路は途中から米兵によって封鎖され、「進入禁止」のテープが張られ、学生や市民はそのなかに入ることができません。その後、大学駐車場の近くの門が開いたので校内に入りました。黒くこげた校舎の壁が見え、周囲には異臭が漂っていました。

　ヘリ墜落の事故が発生した直後、米兵は普天間《ふてんま》基地内から走ってそのフェンスを乗り越えて、大学の敷地に侵入したそうです。米軍基地を取り囲むフェンスの上部は外側に傾斜しています。それは基地の内側から外に出やすく、外から基地のなかに入りにくくするためです。事故現場にいた米軍人のなかにはトランプに興じていた人々もいました。事故の現場検証も日本の警察ではなく、米軍警察によって行われました。正直、「ここは本当に日本なのか！」と思いました。

この米軍ヘリ墜落の現場を自分の眼で見たことが、私の「琉球独立宣言」の原点になったのです。琉球が日米の植民地であることが白日のもとにさらされました。米軍基地内は治外法権地帯であり、日本の法制度は適用されません。しかし、基地外で米軍の事故や事件が発生すると、基地内だけでなく、そこも治外法権になるのです。大学に自国軍のヘリが墜落しても、責任感のカケラもなく、トランプをして談笑する軍人がはたして血を流して日本や琉球を守るのでしょうか。米軍による「抑止力」という言葉も、私にはトランプのように薄っぺらなものに思えます。

ヘリ墜落という重大な事故が発生したにもかかわらず、墜落の危険性が高いオスプレイを同じ普天間基地に日米両政府は配備しました。ヘリ墜落によって心にダメージを受けた琉球人の傷口にさらに塩をぬりこむようなものです。オスプレイは重低音の騒音を発しながら、ときどき物を機内から落下させ、市街地上空を飛び、夜間飛行を行っています。オスプレイの市街地上空飛行や夜間飛行はしないと日米両政府は琉球人に約束していましたが、破られました。いつも「オスプレイが今、落ちてくるのでは」とおびえながら授業を受けていると、同大学の学生が私に語ってくれました。

危険な軍用機が人をバカにするように頭上を飛び、自分の妻、娘が米軍にレイプされ、夫、息子が殺されるかもしれないと恐れながら、70年も生活してきた人間が日本国のなかにいるのです。しかし日本人のほとんどは、米軍に苦しむ同胞を助けるために立ち上がろうとはしません。それどころか日本政府は、琉球人が流した血や涙には無関心であり、アメリカとの「同盟関係」を何よりも優先して基地機能の強化に邁進《まいしん》しています。

私は琉球を出て東京にある大学で学ぶまで「自分は日本人である」と疑問もなく思っていました。しかし「沖縄から来た」と私が自己紹介すると周りにいた日本人から好奇の目でジロジロと見られ、「どこの国の留学生ですか？」と聞かれたことが何度もありました。そのような体験をするなかで「自分はいったい何人なのか」と思い悩み、琉球の本を読み漁《あさ》りました。琉球人や日本人の仲間と議論し、自問する過程で「私は琉球人である」と自覚するようになりました。

「琉球も独立すべき」と思うようになったのは、早稲田大学大学院で島嶼《とうしょ》経済を研究テーマにし、ニューカレドニアの経済と独立運動との関係について研究したことからでした。フランスの植民地である同島でフィールドワークをしたときも琉球と同地を重ね合わせながら独立の意味と可能性を考えました。実際の独立運動を見たのはそのときが初めてでした。１９９６年にスイスのジュネーブにある国連欧州本部で開催された国連人権委員会先住民作業部会に私はアイヌ民族とともに参加し、「日本の先住民族・琉球人」として琉球における人権問題を国際法に基づいて報告し、世界の先住民族と交流しました。そのとき彼らから「人間として尊厳を持って生きる方法」、「脱植民地化のために国連や国際法を活用する方法」を学びました。

私の「琉球人意識」と「琉球独立論」をさらに深めたのが日本国総領事館専門調査員としてのグアム、日本国大使館専門調査員としてのパラオでの生活でした。グアム全島の3分の1は米軍基地が占拠し、島外企業が観光業を支配しており、琉球と非常に似た島でした。その後、パラオに行くと毎日驚きの連続でした。パラオの人口はグアムの約10分の1でしかありませんが、国であることにより、パラオ人が島の政治経済や社会において決定権を持っており、他国の政府や企業による介入や支配を許さない法制度が完備していました。独自な国作りを間近で見ることができました。「独立するのと、しないのとではこうも違うのか！」とグアムとパラオを比較しながら考えました。またチャモロ人やパラオ人が、日本人と琉球人とを区別し、琉球人を自分達により近い存在としてみなしていたことも嬉しい発見でした。自己認識だけでなく他者認識によっても私の「琉球人意識」が強まりました。

これが、私が独立を考えるようになったきっかけです。

私は日本からの独立を宣言します。このような国から一刻もはやく離れないと、琉球人の尊厳は踏みにじられ、再び島は戦場になってしまいます。琉球独立宣言は、日本にたいする琉球人の怒りのあらわれですが、けっして机上の空論ではありません。国際法、政治経済学、国際関係学、歴史学などさまざまな研究成果と、現場でのフィールドワークに基づいた主張です。２０１３年には、独立を具体的に研究し、実践活動をする琉球民族独立総合研究学会が設立されました。今、琉球ではこれまでになく独立を求める人の声が大きくなっています。

２０１４年に沖縄県知事、名護市長、自民党以外の琉球選出国会議員の選挙を通じて新基地建設に反対する「オール沖縄」の民意が形成されました。琉球人は、選挙によって基地反対の民意を何度も示してきました。それを日本政府は無視して、「丁寧に説明し納得して頂く」と言っていますが、それは大ウソです。２０１４年12月10日に翁長雄志《おながたけし》が知事に就任して以来、２０１５年4月17日まで安倍晋三首相は新知事との会談を拒否しました。戦後70年間も日本の安全保障のために多大な犠牲を負わせてきた琉球の代表者に、それまで会おうともしなかったのです。「丁寧に説明」しようとする姿勢など微塵《みじん》もみえません。

前知事による埋め立て承認の検証作業をしている途中であるにもかかわらず、日本政府は海底ボーリング調査を再開しました。海上でカヌーに乗って非暴力で抵抗運動をしている市民に海上保安庁の職員が暴力をふるい、ケガ人が続出しました。反対運動のリーダー山城博治《やましろひろじ》が米軍の警備員、県警によって拘束、逮捕されました。このようなヒドイ現状を、日本の大手マスメディアは、ちゃんと大きく報道していません。政府の顔色を見て自粛しているのでしょうか？

　米軍による直接統治に苦しんだ琉球人は、「自由で平等な日本国民」の一員になって他の日本人とともに、安心して生活したいと願って復帰運動を20年以上続けてきました。しかし、今年は「復帰」して43年になりますが、「日本は帰るべき国ではなかった」と口にする琉球人が増えています。民主党が政権をとった２００９年ごろから、普通の琉球人も「沖縄差別」を叫ぶようになりました。しかし日本政府は「沖縄差別」を自覚するどころか、基地や軍隊を押し付けることを止めようとしません。「基地の押し付けは止めてくれ！」という琉球人の声は日本政府、大部分の日本人の耳には届かなかったようです。「米軍基地を『抑止力』として必要としている人や地域が基地を負担すべきだ」という主張は、少数派の意見としてかき消されました。基地の「県外移設」要求の拒否は、日本人が琉球人を同胞と思っていないことを示しています。琉球人は日本を「母国、祖国」と呼び、日本人にあこがれ、日の丸を喜んで振ってきた民族です。みずからの民族性を消してまでも日本に同化しようとしてきた人々を、日本人は同胞とみなしていなかったのです。今、琉球人はあらためて日本や日本人との関係を根本から問い直すようになりました。

琉球人は日本政府に期待せず、保守や革新のイデオロギーの垣根をこえて、琉球人というアイデンティティで結集して自力で現状を変えようとしています。これが「オール沖縄」と呼ばれるものです。日本から拒否され、切り離された琉球人が、新たに求めた他者とつながるコミュニケーションの方法が、琉球人アイデンティティに基づく「オール沖縄」でした。琉球人は「民族の自己決定権」の行使を求めるようになったのです。

「琉球独立論」は、けっしてアブナイ思想ではありません。それは島の歴史をありのままに知り、新しい国をつくる理由や方法を考えることで、琉球の平和と発展を実現するための議論なのです。それはまた、日本という国のあり方を考え直すきっかけになります。

青い海や空、沖縄そば、泡盛、美《ちゅ》ら海《うみ》水族館、首里城《しゅりじょう》が好きで、なんども琉球に観光で行っている人も多いと思います。自分が大好きな琉球が独立を主張すると、自分から琉球が離れていくようで悲しくなる人がいるかもしれません。でも、アナタが琉球を大好きであればこそ、この本を読んでみて下さい。


米軍が占領軍のように未だに存在する日本は、本当に独立していると言えるのか？

日本人は平和な生活をおくり、基本的人権を享受しているのか？

政府や特定の団体からの圧力やヘイトスピーチを受けることなく、自由に学問し、自分の意見を主張し、議論をすることができるのか？

日本で生まれ育ち、この国にいて本当によかったと心から喜べるのか？

琉球の人々が、なぜ独立を叫ぶようになったのだろうか？

教科書で教える琉球の歴史とは違う歴史があるのか？

おだやかな風土や人柄の琉球や琉球人から、なぜ独立という熱い言葉がでてくるのか？

そもそも独立するって何なのか？

独立はキケンな行為ではないのか？

琉球独立は実現可能なものなのか？

琉球独立は日本とどのような関係があるのか？

国として独立するために何をすればいいのか？

琉球だけでなく日本にとっても独立は重要ではないのか？

本書は、これらの疑問にたいして具体的に、分かりやすく答えようとしました。

なお本書では沖縄県を指す言葉として「琉球」を使いました。「琉球」のほうが、国であった時代から現在までの長い歴史と文化をこの島々が持っていたことを示せると考えたからです。つまり、「琉球」は、かつて国であったことを想起させる言葉なのです。琉球文化圏とは奄美《あまみ》諸島、沖縄諸島、宮古《みやこ》諸島、八重山《やえやま》諸島などの歴史や文化を共有する文化圏です。この場合「琉球」は奄美諸島も含みます。しかし、１６０９年の島津藩の琉球侵略以後、奄美諸島は琉球国から切り離されて島津藩の直轄《ちょっかつ》領になりました。１６０９年以後の時期において、本文中で使用される「琉球」は沖縄諸島、宮古諸島、八重山諸島を指しています。

「琉球独立」という言葉にとまどう方たちに、琉球独立の「なぜ、どのように、歴史の歩み、将来像」について分かりやすく書きました。この本を読んで、アナタ自身の国の過去、今、未来の姿を考え、自分はこの国のなかで幸せに生きているのか、もし不幸ならば自分は何をすべきなのかなどを考えて頂けたら幸いです。

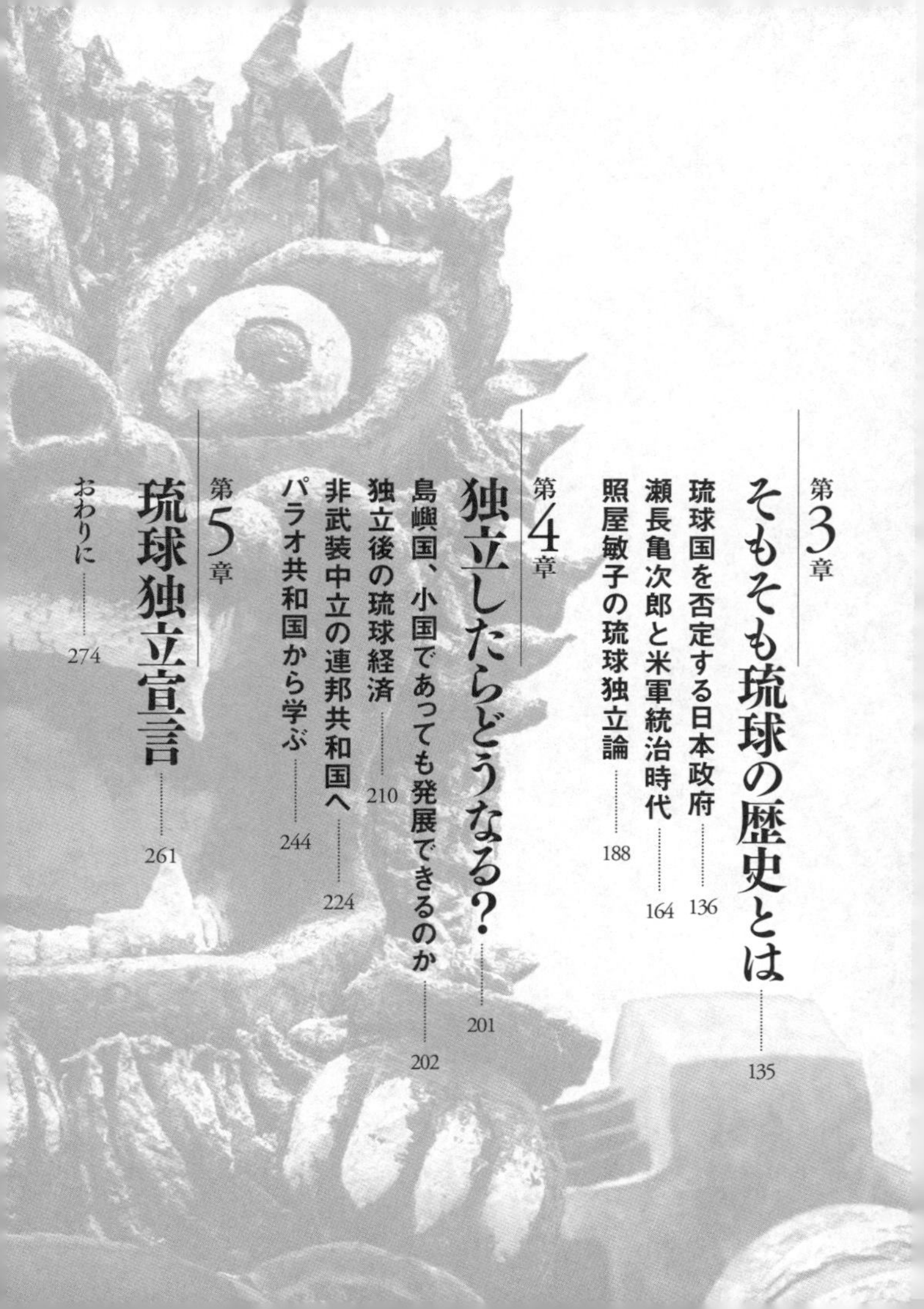

実現可能な五つの方法

琉球独立宣言

第1章

もう独立しかない！

第1節　なぜ米軍基地ができたのか

日本からきた米軍基地

「地政学的に考えても基地は琉球になくてはならない」と思っている人が多くいるようです。しかしもともと日本にあった米軍基地が琉球に移設されて、琉球の基地が拡大したのです。「琉球に基地を集中させる」という日本政府の政策的意図は今に始まったことではありません。「平和国家になり経済発展に力を入れたい。同時に、他国からの侵略にたいして米軍に守ってもらいたい」という、矛盾する二つの欲求を充たすために琉球に基地が押し付けられたのです。

1950年代半ば、日本では米軍基地に反対する運動が激しくなりました。その移転先として日米両政府が考えたのが琉球です。当時、琉球は厳しい米軍統治がしかれた島でした。日本国憲法や米連邦憲法が適用されず、住民の人権や反対運動にかまうことなく基地を「銃剣とブルドーザー」でつくることができる島でした。

そして、1972年と73年、そして1995年や2005年にも在琉海兵隊のカリフォルニア州や韓国などへの移転を米政府が提案したにもかかわらず、日本政府は拒否しました。日本政府は「米軍基地の配置や再編は米政府の軍事戦略で決定される」と言いますが、実際は日本政府が意図的に琉球に米軍基地を押し付けてきたのです。この姿勢は今も変わりません。

米軍統治時代において、「祖国復帰運動」に多くの琉球人が参加した理由は、琉球が日本の一部になれば米軍基地が日本「本土」にも移って大幅に少なくなり、日本と同じように平和な生活ができると考えたからです。しかし、今でも米軍専用基地の74%が琉球に押し付けられたままです。

日本人は頭のなかでは、または理念的には、「米軍基地が日本を守っている」と考えても、琉球における米軍による事件・事故、騒音、環境問題などを知っているからこそ、米軍基地が自分の地域にくるのを強く拒否するのです。鳩山由紀夫首相（当時）が在琉米軍基地の引き受けを全国知事会で求めたのにたいして、橋下徹大阪府知事（同）以外はどの知事も米軍基地を引き受けませんでした。橋下知事は関西国際空港への基地移設をほのめかしましたが、仲井真《なかいま》弘多《ひろかず》沖縄県知事（同）がそこへの視察を求めると、「関空ではなく神戸空港へ」と言って前言を撤回しました。

沖縄島の基幹道路、「国道58号線」は、米軍統治時代には「軍道1号線」と呼ばれていました。その頃、那覇から嘉手納《かでな》までは、道路の幅が約30メートルあり、4車線でした。この道路に中央分離帯がなかった理由は、有事のときに米軍用機が路上で離発着できるようにするためです。那覇軍港に陸揚げされた軍事物資、戦車などを島の各基地に運ぶために軍道1号線は利用されました。将来、那覇軍港は返還されますが、浦添《うらそえ》市に新たな軍港が建設される予定です。さらに現在、辺野古に建設されている新基地も滑走路と軍港が併設されます。

私が住んだことがあるグアムでも琉球と同じような状況を見ることができました。グアムの南部にある海軍基地と北部にある空軍基地を結ぶ道路が「海兵隊道路」です。なぜ「海兵隊道路」という名称が付けられたかというと、太平洋戦争中に日本軍が占領していたグアムを米海兵隊が奪回《だっかい》したからでした。この海兵隊道路でも軍事物資が輸送され、戦時には戦闘機が離発着できる構造になっています。道路は軍にとって重要な軍事インフラであり、有事の時には島全体が一つの軍事基地になるように配置、設計されています。

日米地位協定により、米軍は琉球にある港や空港などのインフラを軍事的に利用することができます。琉球の経済自立のために提供されている振興予算を用いて造成されたインフラ、例えば道路を、米軍は日常的に使っています。米軍基地が存在する限り、民生用のインフラを米軍が利用することは避けられません。同じ島に住む人間同士ですから。「復帰」後、振興開発によって国道58号線のうち那覇―嘉手納間は6車線となり、道路幅も拡張されました。有事の際に軍用機がさらに利用しやすい道路になりました。島の開発が進むほど、軍事基地の機能が向上する、つまり戦争に巻き込まれやすくなるのです。

さらに米軍基地は人と人との不平等な関係性をつくります。日米地位協定によって、琉球人と米軍人・その関係者は同じ島の住人でありながら、「主人と奴隷」のような不平等な関係になります。米軍人が犯罪を犯した場合、琉球人の犯罪者よりも優遇された取り扱いを受けるのです。空や海でも、民間の航空機や漁船よりも優先的にその使用が認められています。日本国民の税金である「思いやり予算」で、米軍関係者は賃貸料が数十万円もする豪華なマンションに住むことができます。

琉球人は公園が少ない住宅街でひしめき合いながら生活しています。他方、金網越しに見える米軍住宅地には、芝生がはえた庭つきの広々とした一戸建て住宅がゆったりと建っています。アメリカ人の子供が庭で楽しそうに遊ぶ光景を見ると、「ここが琉球か！」と錯覚するほどです。基地内は水や電気の提供も、琉球人住宅地よりも優先されてきました。植民地主義は日本と琉球とのあいだだけでなく、「復帰」後の今でも琉球と米軍とのあいだにも厳然としてあるのです。

アメリカは本当に日本を守るのか

明治維新以来、現在まで日本は、欧米諸国を目標にして、それらの国々に追いつくために富国強兵の道を邁進してきました。敗戦後は、戦勝国であるアメリカに導かれながら復興し、世界第2位の経済大国になることができました。しかし、その反面、日本国民である琉球人が米軍から被害を受け、軍事基地の縮小や撤廃を求めているにもかかわらず、日本政府は琉球人を他国から守ろうとしません。なぜなら、有事の際には米軍が日本を守ってくれると日本政府や日本人の大半が信じているからです。

しかし米軍人は本当に日本を守るのでしょうか。そもそも日本国民を守るはずの米軍人はなぜ事件、事故を頻繁《ひんぱん》に琉球で引き起こしているのでしょうか。みずからが守るべき日本国民を米軍人はなぜ殺害し、レイプし、危害を加えるのでしょうか。それは日本国民をリスペクトしていないからです。私は１９９７年から99年までグアムで生活していましたが、米軍人による事件、事故はほとんど発生しませんでした。「同じ米軍か！」と思うほどでした。

前述のように、２００４年に普天間基地所属の米軍ヘリが沖縄国際大学に墜落したときも、現場の米軍のなかには談笑しながらトランプに興じている者がいました。事故調査も米軍警察が行いました。米軍機の演習も24時間関係なく、深夜であろうと実施されています。なんともあきれた同盟関係です。これが「米軍が日本を守る」という幻想の実態です。琉球人は70年も「軍隊は住民を守らない」という現実を知っているからこそ、「米軍基地は嫌だ！」と叫んでいるのです。日本政府はそのような琉球人の声を無視して、基地を押し付けています。琉球人を日本国民の同胞として認めていないからでしょう。このような認識をもつ日本人が国民の大半を占めているのですから、日本はアメリカから本当に独立できたとは言えないのです。

アメリカは世界中に米軍基地を持っています。しかし、琉球ほど米軍関係の事件・事故が多い基地はありません。その原因は、小さな島に米軍基地が長年にわたり存在していることにあります。イタリアにも米軍基地がありますが、イタリアは独立国家としてみずからの言うべきことをアメリカに主張しています。米軍機の事故の際にはイタリア当局が事故調査を行い、リポーゾと呼ばれる「お昼寝時間」には戦闘機のエンジンを切らせ、米軍機の低空飛行も禁止されています。

日本政府は、イタリア政府のように毅然《きぜん》たる態度でアメリカに接しないと、自分の意志を持たず、アメリカの意向を窺って、自国民を犠牲にする反民主主義的な国として世界から見られるでしょう。

第2節　なぜ独立しなければならないのか

日本の犠牲になりたくない

かつて大いに議論された道州制が琉球で実現したら基地がなくなるのではと考える人がいるかもしれません。しかし道州制は琉球だけで進めることができません。日本全体で道州制を導入するために合意し、法制化、その実施という長い過程を必要とします。たとえ道州制が実現して「琉球州」が日の目を見ることがあっても、安全保障、外交、金融などは中央政府が掌握《しょうあく》することになっています。ですから、「琉球州」のなかにある米軍基地を廃止するかどうかの決定権は日本政府が持ち続けるわけです。

「復帰」運動の時のように日本政府に期待することはできません。みずからの力で基地をなくす方法が独立なのです。独立は琉球人が人間として主体的に生きるための方法です。

「琉球は日本のモノだ」と考え、それが中国にとられることを警戒する人もいます。そこには、琉球や琉球人をあくまで〝モノ〟として捉える心性があります。すなわち、琉球は日本にとって売ったり買ったり、捨てたりする〝モノ〟でしかないのです。「復帰」前も多くの日本人は「沖縄返還」を叫びました。「自分たちの島を返せ」と。

モノとしての琉球は日本人の安全を守るために犠牲になっても仕方がないという、暗黙の了解が日本人のあいだにあるようです。先の大戦でも、「本土決戦」を少しでも遅らせるために、人が住む琉球で戦争をしたのは日本政府でした。その時、琉球人は戦闘に巻き込まれ、「人間の盾」として使われました。戦後も日本の安全を守るためにアメリカに生け贄《いけにえ》の羊のように差し出されました。日本の統治下に琉球がおかれたら、永遠に日本の犠牲になることが運命付けられているかのようです。菅直人首相（当時）は基地を負担している琉球にたいして「感謝」の言葉を投げかけました。基地負担を「感謝」されても、それをうれしく思って、これからも負担しようとする琉球人はまずいないでしょう。

自分の先祖だけでなく、これから生まれてくる子供たちも自分と同じように、日本の犠牲を背負うのを止めさせたいと決意した人々が、「独立」を主張するようになりました。

島々の軍事基地化

読者のなかには「琉球の人々は経済発展のために、基地を必要としているじゃないか。それなら米軍基地もあったほうがいいのでは？」と考える人がいるかもしれません。本当に住民が島の発展のために軍事基地を求めているのかを、与那国島《よなぐにじま》の事例を通して考えてみましょう。私は幼少期に与那国島で生活したことがあります。「なんた浜」で毎日のように泳ぎました。その結果、私の右腕から背中にかけてその時の日焼けがアザとなって残っています。天蛇鼻《てぃんだばな》と呼ばれる山で虫をとり、田原川で魚をとりました。

与那国島は琉球そして日本の最西端にあります。沖縄島よりも台湾のほうが近く、天気がいい日は台湾を与那国島から見ることができます。しかし、与那国島から台湾に直接行くことはできません。生活物資を沖縄島から運ばなくてはならず、その分、商品の価格に上乗せされます。法的、行政的手続きのために石垣島や沖縄島まで行かなくてはならないときもあり、交通費が余計にかかります。学校は中学までしかないので、進学のためにほとんどの若者が島から出て行きます。人口も年々減少しており、２０１４年の島の人口は１５１３人でした。

与那国島に一番近い島であり、大きな経済圏である台湾と直接、船や飛行機の航行ができたら、人やモノの交流が促され、雇用の機会も生まれ、今のように人口は減らなかったでしょう。与那国町も指をくわえて人口減少の状況を見ていたのではなく、これまで2回、日本政府にたいして国境交流特区を申請しました。しかし、国の基準に合致しないとの理由で却下されました。

２０１５年2月22日、自衛隊基地の是非を問う住民投票が行われました。投票資格者は１２７６人（うち永住外国人が5人、中学生以上の未成年者が96人）であり、投票率は85・７４％に上りました。投票結果は、基地賛成が６３２人、反対が４４５人でした。

２０１１年に自衛隊配備に反対する与那国改革会議が、誘致賛成署名者の５１４人を上回る５５６人の反対署名を集めて与那国町と議会に自衛隊誘致中止を求めました。２０１５年の住民投票のほうが賛成票が増えています。その一因として自衛隊基地の建設がすでに始まっており、「今さら反対してもしょうがない」という人が賛成に回ったのかもしれません。住民投票の実施が決まったら、その期間中工事は中止されるべきでした。辺野古の場合と同じように、日本政府には琉球人の声に耳を傾けようという真摯《しんし》な姿勢が全くありません。

住民投票で島の未来を決めるという手法自体は評価しなければなりません。２０１

4年9月に実施されたスコットランドの独立を問う住民投票の有権者は、イギリス、英連邦、EU加盟国の国籍を持つ16歳以上のスコットランド住民でした。与那国島の住民投票に永住外国人や中学生が参加しても何ら問題はありません。与那国島の住民は、みずからが住む島の未来の行方を決定する自己決定権を持っています。それは主権在民、平和主義、基本的人権の尊重を柱とする日本国憲法の趣旨にも合致していま す。

与那国島に自衛隊基地が建設されるにいたった経緯を振り返ってみましょう。2005年に日本政府から与那国町に自衛隊配備の打診がなされました。それを受けて2008年に与那国町議会が、誘致賛成署名に基づいて自衛隊誘致要請決議を可決しました。翌年、外間《ほかま》守吉《しゆきち》町長は防衛省に自衛隊設置を要請し、2010年に中期防衛力整備計画において同島に陸上監視部隊を配備することが正式に決定されました。最初に日本政府が与那国島に基地をつくりたいと望んだのです。

2016年3月末までに約150人の陸上自衛隊の沿岸監視部隊が配備される予定ですが、主に情報収集を活動業務とします。しかし、同基地から尖閣諸島周辺を飛ぶ航空機を探知することは不可能だそうです。

今後、防衛関連予算を使って、町にゴミ焼却施設、伝統工芸館新館、漁業施設などが設置される予定です。自衛隊員の子供も移住してくるため、島内の児童生徒の減少に歯止めがかかるでしょう。だが本来は、自衛隊基地設置とリンクしない振興予算を用いてこのような施設を建設し、人口増加策を実施するのが国の責任ではないでしょうか。一方で沿岸監視レーダーの電磁波による健康被害、有事の時に基地が攻撃の対象になり、住民が戦争に巻き込まれる恐れがありますが、住民にたいして国は丁寧に説明しないまま基地建設を強行しています。「オール与那国」として住民が自治の力で町を発展させるのではなく、日本政府によって自衛隊基地の設置が争点として持ち込まれ、住民が分断されたのです。

与那国島は国境交流特区申請の却下という国策によって人口が減少し、再び国策によって自衛隊の島になろうとしています。日本政府は「島嶼防衛」の必要性を強調し、他の宮古・八重山諸島にも自衛隊が配備、機能強化される予定です。日米同盟体制の強化という点で、これらの島々と辺野古の軍事化は連動しています。

住民投票で賛成票を投じた人や、誘致運動のリーダーであった町長は、他国からの侵略をリアルに恐れたのではなく、島の人口を増やし、経済を振興させるために基地の建設を認めたのが本音でしょう。また圧倒的多数の住民が軍事基地の設置を認めたわけでもありません。

日本政府は、これからも与那国島のように人口が減少する島にたいして基地や軍事訓練場の提供を打診していくでしょう。軍事的拠点となった島は仮想敵国の攻撃対象になり、戦場になる危険性が基地がない他の島に比べて高くなります。短期的に人口が増えて、真新しい施設ができたとしても、戦場になれば、島の人間や自然、そして文化や歴史の痕跡《こんせき》も吹き飛んでしまいます。与那国島は自衛隊基地中心の町となり、反自衛隊的な意見は抑制され、住民自治の気運が削《そ》がれる恐れもあります。

日本は本当に独立したのか

日本が本当の独立国にならないことから生じる犠牲を一身に受けてきたのが、琉球なのです。日本が一日も早く本当の独立国になって欲しいものです。明治維新や戦後の復興時のように、日本が抜本的に変わるには外圧が必要かもしれません。琉球独立という外圧です。日本独立のためには琉球独立が必要になるのです。

日本敗戦から70年たちましたが、なぜ日本はアメリカに「NO!」と言えないままなのでしょうか。アメリカの敗戦国がそのままアメリカの植民地に成り下がったようです。関税自主権の回復や治外法権の撤廃を目指して欧米諸国と交渉した明治の日本人は、戦後の日本人や日本のありようをみて「情けない!」と嘆くことでしょう。

日本の外交政策がアメリカのそれと一体であることが求められ、日本を軍事的に米軍が守るという体制が続いている限り、日本は独立したとは言えません。少なくとも世界の国々はそう認識するでしょう。今は、日本から海を隔てて遠く離れた場所（琉球）に「米軍占領」という現実があり、それを見ないふりをすることができます。しかし、琉球独立とともに米軍基地が日本に移設されれば、否が応でも、「アメリカの植民地」という実態を直視しなければなりません。

琉球独立は、日本と琉球との関係性を根本から考え直すきっかけになります。それとともに、そもそも国の独立とは何なのかを国民的に議論する機会にもなります。これまで国が独立するとはどういうことなのかを、日本人は真剣に考えてきませんでした。敗戦後もアメリカから独立が与えられたのです。１９５２年４月28日の「主権回復、つまり独立」もアメリカ頼みでした。サンフランシスコ講和会議は米政府によってお膳立てされ、アメリカの影響を強く受けた条約が締結されました。多くの国が署名しない「片務《へんむ》的条約」です。

安倍首相は２０１３年の同日に「主権回復の日」を、天皇・皇后を招いて祝いました。１９５２年のその日に琉球は日本から正式に切り離され、米軍統治下に置かれました。琉球人は同じ日を「屈辱の日」と呼びました。その日は、日本国から琉球が切り離され、人権蹂躙《じゅうりん》の日々が永遠に続くと思われた日なのです。「主権回復の日」が象徴するように、日本にとって琉球とはみずからの利益のために犠牲にしてもかまわないモノでしかありません。

米政府の政治経済的、軍事的な意向にそって発言し、外交を行うことが日本政府の習慣のようになっています。それがアメリカの植民地・日本の現実なのです。戦後70年たっても、米軍が軍事活動を自由に行い、日本国民の出入りが禁じられている軍事基地がこれほど存在している先進国が他にあるでしょうか。日本国民よりも米軍人の権利を優遇し、多くの国税を投じて基地を維持し、拡大しています。もはや日本は国家の体をなしていません。「琉球独立宣言」は、日本人に「本当の独立」の意味を問うものです。もしも、日本が本当に独立して、他国の軍事基地が住民の反対を押し切ってまで強制されていなければ、琉球独立の声はこれほど大きくならなかったでしょう。

日本人は琉球独立を支援すべき

今、日本は中国、韓国、北朝鮮などの東アジア諸国との関係が悪化するのを補うかのように、アメリカとの同盟関係を強化する方向にむかっています。日本がどんなにアメリカが好きで、東アジアの国々が嫌いでも、日本列島を移動させて、太平洋をわたりアメリカに近付くことはできません。後で述べるように琉球は独立後、非武装中立の国になります。東アジア、東南アジアを含めたアジアにおける平和創出のセンターになろうとしています。琉球に米軍基地を集中させて、日本と他のアジア諸国との対立を深め、戦争の発火点にならないためにも、日本人は琉球独立を支援すべきなのです。

琉球は独立したら米軍基地、自衛隊基地を廃絶します。独立後、領土をどのように使うのかを決める主権は国際法で認められていますので、琉球は国連や世界各国からの協力を得て軍事基地をなくします。日米同盟体制を堅持している日本は、琉球からそのまま米軍基地を引き取るのか、それを琉球と同じようになくすのかを選択しなければなりません。１９５０年代には琉球に米軍基地を移すことができましたが、独立後はそのような選択肢はありません。日本人は琉球独立後はじめて、米軍基地問題と自分の問題として向き合い、その存廃をめぐって議論する必要に迫られるのです。

その時、米軍基地を廃絶する、つまり他国軍隊による占領状態から脱するという、独立国としては当然のことを国民投票などで決定したら、そこで初めて日本は本当に独立したと言えるでしょう。日本政府は「日米同盟体制」と称していますが、その実態は「アメリカ従属体制」でしかありません。これまでアメリカの意向、外交方針、軍事戦略に歯向かえず、それに従ってきた日本が初めて国家意志を示すのです。他方、米軍基地を引き受けたなら、日本の独立性はさらに侵され、日本国民は琉球人が70年間苦しんできたさまざまな苦痛を受けることになるでしょう。

本当の同盟国ならば、アメリカ国内に自衛隊の基地を置き、軍事訓練を行うべきです。「日米同盟関係」とは、日本国内にのみ米軍基地が置かれ、「思いやり予算」で基地の維持や機能強化を助け、日米地位協定で米軍や米軍関係者の法的ステータスを優遇するという片務的な、日本に不利な関係でしかありません。琉球の現地からみると、同盟関係とはとても胸を張って言えない、情けない関係です。

２０１２年に琉球人の強い抗議にもかかわらず、米軍用機のオスプレイが配備されました。世界中で墜落事故を起こし、「未亡人製造機」と呼ばれる悪評の高い軍用機です。日米両政府の、市街地上空は飛行しないという約束を破り、低重音を響かせながら那覇市上空を飛行するオスプレイを私は何度も見ました。アメリカはこれまでベトナム、レバノンなどの実際の戦闘地域において、最新鋭の自国製造の軍事兵器を「人体実験」して、その効果を世界にアピールして軍事品の売り上げを伸ばしてきました。琉球でもオスプレイの飛行実験をして、日本政府に売りこむことに成功しました。アメリカは日本を同盟国と言っておだてていますが、実際は軍需品を含む自国製品を売り込む市場の一つでしかないのです。アメリカへの従属から脱するためにも日本人は琉球独立を支援すべきなのです。

また「親日国」を増やすためにも琉球独立は必要です。琉球の人々は日常的に日本語で会話をし、文章を書いています。日本の行事、食習慣、価値観なども琉球人の生活の一部になりました。私は1999年から2000年までパラオ共和国で働き、その後も何度も学生とともにパラオでフィールドワークをしてきました。パラオは1920年から45年までの25年間、日本の委任統治領であり、日本政府の南洋庁が置かれ、ミクロネシアの島々のなかで最も日本文化の影響を受けた島でした。現在でも日本語の単語がパラオ語に多く採用され、それが日常的に使われています。「ダイジョウブ、ヤスンバ、チチバンド」などです。パラオ人の名前にも日本人風の名前が多くあります。パラオは「世界で最も親日的な国」であると言われています。それゆえに2015年の天皇・皇后のパラオ訪問が決まったのかもしれません。

琉球は独立したら、パラオに次ぐ「親日国」になるでしょう。日本は自国の平和、外交、発展を実現するために、一国でも多くの親日国を増やす必要があります。パラオ以上に日本的要素を共有している琉球は、独立国として日本の平和と発展のためにサポートすることができるかもしれません。日本とアジア・太平洋の国々をつなぐ琉球国の誕生は、日本の国益にもなります。「親日国」の琉球は、ビザなしで日本人観光客の入国を認め、日本の企業や投資家にたいして特恵的な取り扱いをして、友好関係を深めようとするでしょう。

アメリカも独立を歓迎すべき

アメリカはかつてイギリスの植民地でした。その植民地支配に抵抗し、独立戦争を通じて独立を勝ち取ったのがアメリカなのです。もともと植民地であったアメリカが、戦後、琉球を軍事植民地にしました。在琉米軍基地にたいする琉球人の反感は強まり、抵抗運動は持続的に、草の根的に行われています。このような敵対的な状況下にある琉球に軍事基地を保持することは、アメリカの安全保障を脆弱にします。米軍ひいてはアメリカにたいする琉球人の反感が高まったのでは、「世界に民主主義と自由を！」という文明の果実を配分する、アメリカの国としての世界的使命にも反します。本来ならアメリカこそ琉球独立を真っ先に応援すべきなのです。

独立後の琉球国が目指す体制としては、かつての王制ではなく、アメリカと同じ、連邦共和制が採用されるでしょう。アメリカの独立運動や建国運動の精神を参考にしながら、日本からの独立運動を進めていこうとしています。

かつてフィリピンのスービックやクラークに米軍基地がありました。フィリピン国民の反対運動が盛り上がり、同国大統領による米大統領との交渉を通じて、それらの基地を撤去することに成功しました。琉球でも、大田昌秀《おおたまさひで》沖縄県知事の頃から顕著《けんちょ》になったのですが、知事みずから訪米して基地の縮小を直訴しました。しかし、一県の知事は米大統領どころか国務長官や国防長官にも会うことができず、連邦議会議員に面会できればいいほうです。沖縄県という政治的地位では、琉球の交渉力には自ずと限界があります。米政府も基地問題は日本の国内問題としてまともに対応しません。

しかし、琉球が共和国として独立すれば、大統領として米政府や議会に大きな権限をもって交渉し、基地撤去の要求を国際法に基づいて主張し、実行に移すことができます。琉球の基地問題に心を痛める、良心的なアメリカの政府や議会の関係者、米国民も、琉球独立に期待をよせるかもしれません。米政府の安全保障、国際的な評価を考えても、自国軍の兵士が問題を起こし続けるような事態はなんとか避けたいところです。琉球が独立して、米軍基地を「抑止力」として歓迎してくれる場所に移したほうが、基地の安定的管理・運営という意味でも合理的な選択なのです。

第3節　独立したら中国は琉球を侵略するのか？

中国侵略説の根拠とは

日本は、戦前の15年戦争など、これまで何度か中国を侵略し、軍事占領し、「満州国」という傀儡《かいらい》国家をつくったことがあります。その結果、国際連盟から脱退し、国際的にも孤立しました。このような歴史をもつ日本は、中国にたいして「やったら、やりかえされる」としてその侵略を恐れる人がいても不思議ではありません。実際、最近の中国は「海洋強国」を掲げ、軍事費も毎年2ケタの伸びを示しています。南沙《なんさ》諸島などを巡って周辺諸国と対立し、それらの島に軍事拠点をもうけ、尖閣《せんかく》諸島周辺の海域や空域に中国軍の船舶や航空機が侵犯することも珍しくありません。

しかしはっきりしているのは、琉球をこれまで侵略し、琉球国の政府を滅亡させたのは日本だけなのです。日本と中国との関係と、琉球と中国との関係は全く異なります。14世紀後半から中国（当時は明）と琉球国は朝貢冊封《ちょうこうさくほう》関係を取り結びました。儀礼上は「臣下《しんか》の礼」をとりながら、実質的には貿易などを中心とする経済関係がメインでした。東アジア、東南アジアの国々との経済的交流により多くの利益を琉球国は得ることができたのです。中国人も琉球国に移住し、王国の外交・交易活動に従事しました。現在でも中国人の血筋を引く琉球人が政財界で活躍しています。仲井真弘多前知事もその一人です。

そもそも冷静に考えると、中国が琉球を侵略しても何の利益もありません。互いに主権を認め合い、共存共栄したほうが中国にとっても利益が多いのです。現在、チベットやウイグルの地域で手を焼いているのに、琉球も侵略して新たな抵抗運動の火種を増やそうとするでしょうか。独立心の強い琉球人の土地を支配、管理するには多くのコストや犠牲を中国政府は負うことになるでしょう。実利を重んじる中国人が琉球侵略という愚をおかすとは到底考えられません。

今は、18〜19世紀のように領土取得によって利益を獲得する時代ではありません。中国はアメリカ、フランス、イギリス、ロシアとともに、国連の常任理事国の一つです。琉球という小さな島を侵略するような古典的な野蛮行為をしても、世界から賛同を得られるとは思いません。アジアインフラ投資銀行開設のケースのように、アメリカと競争しながらも、その政治経済的な影響力を強めるために世界の国々から理解をえようと中国は努力しています。

世界中から経済的、軍事的制裁を受けて、国連の常任理事国という政治的ステータス、世界経済第2位という国力などを犠牲にして得られるものは何もないでしょう。人が住む島への侵略は中国の地位を貶《おとし》めるものでしかありません。尖閣諸島周辺海域の油田も期待されたほどの埋蔵量ではないようです。貿易、観光、投資から生み出される経済的メリットのほうが利益率が大きいことは明らかです。そのことを最も良く分かっているのは中国政府自身ではないでしょうか。

琉球人が独立を主張すると、常に「中国侵略説」が持ち出されます。そして米軍基地によって侵略が食い止められているとして、基地の押し付けが正当化されます。しかしこの「中国侵略説」はあやふやな根拠に基づく仮説でしかありません。まず中国政府が琉球を侵略することを明言していません。中国という国が存在する限り、琉球は永遠に独立できない、または、してはいけないという強い抑圧の意志が「中国侵略説」には含まれています。

最近、「嫌中」、「中国脅威論」の本がよく売れています。中国の「琉球侵略説」もその流れの一つかもしれません。これまで日本人のアイデンティティは中国の文物を否定することで形成されたという一面があります。太古から世界的な文明の一つである中華文明から日本はさまざまな影響を受けてきました。漢字、仏教、法制度、芸術などです。江戸時代の本居宣長《もとおりのりなが》も「からごころ」を排除しながら、「やまとごころ」

を作り出し、国学という日本人のための学問を提唱しました。

これは現代の日本人にも通じる心性かもしれません。中国のやることなすことを否定することで日本人として自己認識し、他の日本人からも同じ日本人と認められるという感覚があります。琉球人のなかにも、「中国侵略説」を強調することが「日本人になる」ための条件のように考える人がいます。本気で中国や北朝鮮が侵略するとは思っていないが、他に敵をすえて、東アジアの国々を悪く言いつのることで日本人としてまとまり、精神的な拠《よ》り所を見いだそうとする若い人が増えています。

しかし、他者を貶めてまで、琉球人は無理に日本人になる必要はないでしょう。また日本人も、他者を否定することで自己のアイデンティティを見つけるのを止めようではありませんか。日本人、日本への帰属性や誇りの手がかりは、みずからが立っている場所を掘れば、歴史や文化、生活のなかに汲《く》み尽くせないほどあります。私は京都や滋賀で生活をしていて実感するのですが、日本を誇りに思うためのきっかけは身の回りに溢れています。神社仏閣、京都の町家、琵琶湖、比叡山、田圃《たんぼ》、歴史的な遺跡や城跡などです。

現在の日本と中国との関係は、残念ながら「侵略するかどうか」という緊張した関係にあります。最も近い国同士ですから、本来なら文化交流、投資、貿易、観光などを相互にさらに活発にし、文化交流、環境保全面での技術交流などをすれば、両国はさらに豊かになれるのです。中国、韓国との関係を悪化させた安倍政権は、日本の国益を大きく損ねたのではないでしょうか。

日本はこれから少子高齢化が進み、さらなる財政負担が予想され、これまでのような経済成長も期待できません。日本が世界に貢献できた経済発展に陰りが見えてきたなかで、日米同盟体制の強化という軍事的な面での貢献に軸足を移そうとしています。集団的自衛権のための法整備をして、欧米諸国のようにテロリズムにたいする直接的な軍事行動を「積極的平和主義」の名のもとに進めることで、世界における日本の存在意義を示そうとしています。軍事的貢献を正当化するうえで格好の材料の一つにされているのが、中国脅威論です。日本とアメリカとの同盟関係が強調され、米軍と自衛隊との協力関係が強化されています。その犠牲になるのが琉球なのです。

私は一研究者として中国人研究者との議論を積み重ね、「琉球を侵略しない、主権は琉球にある」という言質《げんち》をとっていきたいと考えています。もし「琉球は中国のモノであり、琉球を併合することができる」と主張する中国人研究者がいたら、徹底的に議論して、論破するつもりです。琉球の独立は、**「琉球人の琉球人による琉球人のための独立」**なのであり、他者の介入を許しません。

中国にとっても、琉球の独立により、琉球国を介して日本と友好関係を築き、共存共栄の道を歩むことが可能になります。東アジア諸国間の協力関係を阻《はば》んでいる米軍基地を琉球独立によって排除することで、「東アジア共同体」を形成できるでしょう。さらに琉球国とともに、東アジアと東南アジアとの政治経済的連携を強めて、EUのように共通の通貨や政策を有するアジア経済圏をつくることも夢ではありません。そのとき、日本と中国はEUにおけるドイツとフランスのような役割を果たすことができるでしょう。

中国は本当に島嶼国にとって脅威か

中国の琉球侵略は中国の国益になりません。アメリカや日本の場合と同じように、琉球人は侵略国と徹底的に闘いますので、中国国内の混乱、国家の解体につながります。侵略という野蛮なことをするより、琉球が独立宣言したら、その国家承認をいち早く行い、国連においても常任理事国として琉球国の国連加盟を後押しし、他の加盟国にも国家承認を求めるなどの外交活動をしたほうが、よっぽど中国の国益にかなうのです。中国と友好関係を結ぶ国を一つでも増やすことで、国際社会でも中国のステータスは向上し、貿易や投資を通じた経済的利益も望めます。

太平洋島嶼国のなかで中国と外交関係を結んでいる国は、パプアニューギニア、フィジー、ミクロネシア連邦、トンガ、バヌアツ、サモア、クック諸島です。太平洋への海洋進出を積極的に進めているとして中国脅威論が盛んに唱えられています。海洋進出の行き先の一つが太平洋島嶼国なのでしょう。しかし今まで中国と外交関係を結んでいる島嶼国が中国によって侵略され、領土併合された事例はありません。世界の他の国々も中国と外交関係を結んでいますが、侵略のケースはありません。根拠薄弱な中国脅威論が、琉球独立を否定するために唱えられています。

1980年代、旧ソ連の太平洋進出にたいする脅威論が声高に唱えられていました。ソ連崩壊前に、ソ連はバヌアツと漁業協定を締結しました。その協定の内容は、ソ連の漁船が捕獲したマグロやカツオをソ連に運ぶために、国営航空のアエロフロートの空港利用が認められ、バヌアツに入漁料が支払われるというものです。その他の太平洋島嶼国ともソ連が漁業協定を結ぼうとしている、「海洋侵出だ！　大変な脅威だ！」と、喧伝《けんでん》されたものです。米ソの冷戦時代にはソ連脅威論が唱えられていましたが、ソ連が崩壊したあとは、それに代わって中国脅威論が主張されるようになったわけです。外に敵を設け、国民の注意を他所《よそ》に向けて、国内問題から国民の関心をそらそうとする「国の罠《わな》」ではないかと思うほどです。

現実に太平洋という世界最大の海洋や、その上に浮かぶ島々にたいして絶大な軍事的覇権《はけん》をしいているのはアメリカなのです。アメリカの領土であるハワイ諸島、北マリアナ諸島、グアム、米領サモア、ミッドウェイ環礁、ジョンストン環礁《かんしょう》、ウェーク島などには、米軍基地が置かれ、琉球から運ばれた毒ガスが処分された島もあります。パラオ、ミクロネシア連邦、マーシャル諸島はアメリカの信託統治領から独立して国連にも加盟しました。しかし今でもアメリカが３ヵ国の軍事権を持っています。マーシャル諸島では米軍による原水爆の実験が行われ、現在は大陸間弾道ミサイル迎撃実験のための基地が同国のクワジェリン島にあります。私が同島に飛行機で行ったとき、機内の安全検査が厳しく、乗客を移動させて全座席シートを外して爆発物がないかを調べていました。飛行機の窓から、滑走路に駐機していた米軍輸送機やヘリコプター、そしてドーム型のレーダーが見えました。飛行機が飛び立つと、上空から米本国から発射された大陸間弾道ミサイルを撃ち落とす迎撃ミサイルの格納庫と付属基地を眼下に見おろすことができました。

中国は太平洋島嶼国と外交関係を結び、援助を与えながら、侵略の準備を進めているわけでもありません。現在、アメリカが持っているような軍事基地を中国は太平洋諸島に一つも有していません。

２０１５年２月、学生とともにパラオ共和国を訪問したとき、中国人観光客の増大に驚きました。これまでパラオを訪問する観光客は台湾と日本からの観光客が上位を占めていました。しかし２０１４年においてパラオを訪問した観光客の第1位は中国人でした。中国経済発展の影響がパラオにまで波及していることが分かりました。近年、日本でも中国人観光客が増大しています。琉球・那覇市にある平和通りでも中国語を耳にすることが多くなりました。日本において、中国企業の進出、中国製品の輸入、その商品の市場への普及、日本製品の中国への輸出などを理由にして、中国の日本侵略が喧伝されることはありません。かえって日本の地方は中国人観光客の誘致による経済の活性化を競っているようです。脅威をあおり立て、嫌悪感を増幅させ、再び「鎖国」の時代にもどるよりも、門戸を開いて経済的、文化的交流を促すほうが、双方の民衆にとってどれだけ利益になるか分かりません。

第４節　琉球人と日本人とは異なる民族！

柳宗悦の日琉同祖論

もともと琉球は日本の一部なのでしょうか。日本文化の多様性というとき、琉球文化も日本文化の一つに数えられてきました。しかし日本文化と琉球文化は別個の、異なる文化と考えたほうがいいのではないでしょうか。『万葉集』の時代の言葉が琉球諸語のなかに残っていることが、両文化の同一性を強調する人の理由とされています。琉球諸語は、日本語だけでなく、中国語、オーストロネシア語など、アジア太平洋のさまざまな言語の影響を受けながら、島の人々によって形成された独自な言語です。琉球諸語の話者と日本語の話者は通訳を介しないと互いに理解し合うことができません。このような言語を同じ言語であるとは言えません。同じラテン語系であってもスペイン語とフランス語とは異なる言語として区別されています。

次に柳宗悦《やなぎむねよし》の琉球に関する認識を検討してみましょう。

「沖縄は地理的には寧ろ大和の本土よりも、支那の福州に近いので、さぞ支那の影響が大きいだろうと想像されるかも知れませんが、事実は逆で、その言語も風俗も建築も殆ど凡てが大和の風を止めているのです。それ所ではなく、日本の何処へ旅すると も、沖縄に於てほど古い日本をよく保存している地方を見出すことは出来ません。粗忽にも沖縄を台湾の蕃地の続きの如く思ってはなりません」（柳宗悦『沖縄の人文』新装版選集第5巻、春秋社、1972年、3頁。旧漢字、旧かな使いを新漢字、新かな使いに改めた。以下同じ）

これは日本人の抱く琉球観の一つの典型例です。日本と琉球はもともと一緒なのだという仮説である日琉同祖論の流れを汲んでいます。かつて韓国と北朝鮮が日本の植民地であったとき、「日鮮同祖論」が唱えられましたが、両国の独立後、その仮説は否定されました。日琉同祖論は琉球併合後に琉球人同化政策が実施された過程や、「日本復帰」運動のなかで主張された、政治的な意味合いが濃い仮説なのです。

基地の押し付けという現代的差別に直面した琉球人は、日本は母国ではなく、琉球と日本とは異なる国と国との関係なのだと考えるようになりました。日本と琉球は同じ運命共同体ではないと確信した人々は、日琉同祖論を否定しています。現在、日本文化の古い痕跡は京都や奈良にこそ残されており、むしろ琉球には「異国情緒」を感じる人が一般的ではないでしょうか。日本ナショナリズムにおいて強調される日本文化とは、琉球文化ではなく、京都や奈良にあるような「公式的な日本文化」であると考えるのが普通です。もしも琉球に日本の古い文化が残っていると主張するのならば、なぜ、日本政府が沖縄戦で琉球を捨て石にして徹底的に破壊させたのかの説明がつかなくなります。

「わけても沖縄には鎌倉から足利にかけての和語が随分数多く保留されているのです。遠く『万葉』の歌詞等の不明であった語義が、あの『おもろ双紙』等の研究によ

って漸次闡明せられて来たことは学者の知るところです」（同前書22頁）
これも日琉同祖論のなかでよく聞かれる指摘です。日本語研究のために琉球の言葉が手段として利用されているようにみえます。日本語の古語が琉球諸語のなかに散見されるから、「琉球は日本のモノである」という根拠にはならないことは言うまでもありません。
「国民意識の旺盛なる今日、和語への浄化運動は当然起ってよい。之こそは皇紀二千六百年の光輝ある一大事業とも目すべきであろう。そうしてその際、如何なる地方語が標準語の浄化運動に役立つであろうか。最も重要視されねばならないのは沖縄語である」（同前書96頁）
「国民精神の振興は地方文化の否定を伴ってはならぬ。強固な地方の集団にして、始めて強固な国家を形成し得るのである」（同前書118頁）
これらの文から日本ナショナリズムが琉球を手段にして高揚されていることが分かります。琉球それ自体を評価するのではなく、国民精神、強固な国家形成のために琉球が利用されています。日本の軍事的な守りとしての琉球、日本語を保存するための琉球。どこまでも琉球は日本に奉仕すべき場所であることが運命付けられているかのようです。本来、琉球にはそのような義務も運命もないはずです。日琉同祖論というイデオロギー操作によって、琉球は日本ナショナリズムに貢献すべき場所として位置付けられてきました。琉球に善意で接しようが、悪意をもって見ようが関係なく、琉球をどのように利用することができるのかが日本人の最大の関心事なのかもしれません。

「何故日本の本土に於てかくも自由に方言が用いられているのに、沖縄県ばかりが、ひたむきになって標準語を奨励しなければならないのか。何故家庭に於てその土地の母語を用いてはいけないのか」(同前書１００頁)

「沖縄が如何に日本文化系の圏内に於ける歴然とした存在であるかを、外に向って宣揚し、内に向っては自覚せしめねばならぬ。琉球は植民地とは違う。台湾の如き歴史とは類を異にし質を異にする。それは貴重なる日本文化系の一地方である」(同前書１２０頁)

戦前、沖縄県庁が行った琉球諸語撲滅運動を柳は強く批判し、県庁職員の吉田嗣延《よしだしえん》と「方言論争」をしました。琉球諸語撲滅運動は、琉球が日本の植民地であることの一つの証拠だと言えます。琉球の文化を高く評価する柳は、琉球がかつて国であったこと、琉球が日本に併合された植民地であるという事実を直視しようとしません。また台湾を差別する視線も透けて見えます。そこに日琉同祖論者の大きな過ちがあるのです。

「標準となるべき中央語が、雑多な語調に乱され、特に外来語の混入によって和語としての純正さを失いつつある時、私達の前には沖縄が宛ら大写しの如く現れてくる。今は和語を整理し、それを正しい方向に導くべき絶好の機会である。こういう時代に私達にとって貴重なのは、まだ和語が本来の姿で残っている地方の土語である」（同前書130〜131頁）

「純正さ」、「本来の姿」という言葉や、琉球に日本の古代の文化が残されているという認識から、先進＝日本、後進＝琉球という前後関係が導きだされます。ここから「純正さ」という琉球にたいする固定観念も発生します。このような進歩史観は、現在の振興開発にも受け継がれており、琉球は日本をモデルにしてその後ろを追いかけ続けなければならないという思い込みが生まれました。

しかし2011年の「3・11」後、日本の最先端で、安全な技術と信じられてきたものが全く信頼できないものであり、「本当の豊かさや安全」を日本政府が国民に提供できていない実態が明らかになりました。かつて繁栄を謳歌《おうか》した日本の経済発展にも陰りがみえてきました。凶悪な犯罪が目立つ年少者の犯罪、少子高齢化、世界有数の累積債務など、日本は琉球のモデルになりえないと琉球人が考えてもおかしくありません。このような進歩史観、日琉同祖論も「賞味期限」をむかえ、新たな時代に適応できない仮説となりました。琉球で独立論が台頭してきた背景の一つがここにあります。

柳は言葉のほかにも、着物の裁ち方や着方が日本の古風を残しているとして、琉球をほめています。しかし「万葉時代の言葉や風習が今もいきている」と言われても、喜ぶ琉球人はいないでしょう。もっとも万葉時代に強い郷愁を覚え、自分が評価されたと考える日本人もほとんどいないのではないでしょうか。

柳は、琉球の染織、陶芸品、言葉などを絶賛しましたが、それはあくまで日本文化全体の価値を押し上げるモノとしての評価でしかありません。それを作り、継承してきた琉球人そのものの価値、役割、民族としての独立性ではありません。日本文化を豊かにするために琉球の文化が利用されたにすぎません。ここに植民者と被植民者の関係をみることができます。

岡本太郎の日琉同祖論

「復帰」前の琉球を訪問した岡本太郎は日本に帰国後、『忘れられた日本―沖縄文化論』というタイトルの本を出版しました。本当に琉球は「忘れられた日本」なのでしようか。岡本は次のように述べています。
「日本人は日本を本土の内側に、一定の限界としてしか捉えていない。われわれのまわりには、幅ひろくひろがる碧色に輝いた海があり、そこには充実した島々が無数につらなって、とり囲んでいる。それを肉体として摑みとっていない。日本という抽象的な観念、固まった意識からぬけ出し、かつて祖先が全身に受けとめていた太陽の輝きと、南から北からの風の匂い、その充実した気配を血の中にとりもどさなければならない」
「日本人はこの同じ文化圏の沖縄について、いったいどんなイメージを持っているだろう。現在ではせいぜい潜在主権なんていう、アヤフヤで小馬鹿にしたような、ひどく空虚なつながりだけで安心している。ただ漫然と、あれは日本領土だからいつか帰ってくるだろう。帰ってくるのが当然だ。貸した家財道具ぐらいに、いわば大そう無責任に考えているにすぎない。だがそんな単純な問題でないことは勿論だ」（岡本太郎『忘れられた日本――沖縄文化論』中央公論社、1961年、10頁）
戦争に負けた日本は、富国強兵の時代に得た琉球を含めた植民地を全て失い、本来の日本の領土に戻りました。ただアイヌモシリと呼ばれる北海道は、本来はアイヌ民族の領土たるべき場所であり、「本来の日本の領土」に含まれないかもしれません。

１９５２年に「独立」したあとは、高度経済成長も軌道にのり、縮み思考だった日本は外に目を向けるようになりました。日本の「失地回復」の対象として琉球が注目されるようになった時代的背景を本書からうかがうことができます。潜在主権という空虚な言葉で満足するのではなく、琉球をみずからの「血の中にとりもどさなければならない」という強い日本ナショナリズムが感じられます。この時代、日本、琉球ともに復帰運動が本格化しつつありました。岡本は琉球は日本のモノであるという自覚を「肉体として摑みとっていない」と、琉球は日本に戻らないと訴えています。

「南の潮風とともに、まだ神ながらのにおいが吹き流れているこの天地では、ふしぎに日本文化の過去、そのノスタルジアがよみがえってくる。感傷ではない。ここを支点として現代日本をながめかえす貴重な鏡なのである」（同前書11頁）

日本に足場をおいて琉球の利用価値を探っているようです。「古代の日本」が琉球にあるのだという思いは、「沖縄返還」の主張にそのまま つながります。これまで「琉球は日本のモノである」という仮説を立証する根拠として、「言葉、佇まい、古い姿」が好んで取り上げられました。しかし、岡本は、中国、朝鮮半島、東南アジアなど、日本と多少とも歴史的、文化的な共通性がある場所を歩いて、そこで「忘れられた日本」を「発見」するのでしょうか。

「たとえば言葉―この土地に生れた自然で豊かな表現。また言語学的にいえば、日本語の原形を浮きぼりさせる。方言と片づけるにはあまりに貴重で美しい。記紀、万葉の古代日本語から、鎌倉ごろの言葉がここでは生活の中に生き、残っているのだ」(同前書20頁)

戦前の日本語の単語のいくつかがパラオ語のなかに採用されていますが、それを理由にしてパラオ語の原形は日本語であると主張することはできません。日本語とパラオ語は全く意思の疎通ができない別の言語です。日本語と琉球諸語も相互に理解不能な言葉同士です。岡本と出会った琉球人が万葉時代の日本語を話していたわけがありません。日本語のなかの一部の単語の存在をもって、琉球諸語が日本語に含まれ、琉球と日本が同一文化圏に属しているとは言えません。

日本は高度成長を遂げつつある先進地域であり、琉球は日本の古代が残る場所であるという進歩主義的な歴史観で琉球が位置付けられています。日本文化の博物館としての琉球の利用価値の発見です。住民が主体的に経済発展を行う場所としては認識されていないのです。時代を生きる、琉球人という人間にたいするリスペクトがありません。日本をうつす鏡として琉球が期待されています。

「なんにもないということ、それが逆に厳粛な実体となって私をうちつづけるのだ。

ここでもまた私は、なんにもないということに圧倒される。それは、静かで、幅のふとい歓喜であった」(同前書125頁)

岡本が琉球で見つけたものは「なんにもないということ」です。「原初性」を琉球に探し求めています。当時も今日も琉球には米軍基地があり、近代化され、「日本の原初のかたち」のままであるはずがありません。しかし、「琉球は原初的であるはず、そうでなければならない」という琉球にたいする一種の固定観念、思い込みが、特に岡本の本が出版されて以降、日本のなかで広く共有されたようです。「琉球人、琉球は日本の原初の姿を残している」という位置付けや認識は、「琉球は日本に帰るべきだ」という政治イデオロギーに転化します。

琉球に対面した岡本は「何もないことの眩暈《めまい》」と言って驚きました。しかし実は琉球には近代文明の先端である米軍基地が居座っていたのです。岡本は八重山諸島や久《く》高島《だかじま》など米軍基地が存在しない島々におもむいて、「何もないこと」に感動したのです。琉球を全体的に見ず、自分の先入観にとって都合のいい島を訪問して考えだされた「沖縄文化論」と言われてもしかたがありません。岡本は米軍基地を真正面から見据えようとしません。最初から米軍基地を避けて、「原初的な場所」を探し歩くことが意図されていたのかもしれません。しかし八重山諸島や久高島の人々にとっても、島の日常は「原初的」という牧歌的なものではなかったはずです。

「多くの沖縄人の、あのやわらかい表情、運命的力に対して恭順し、無抵抗に見える態度の底には、チュラカサの伝統、災いをいんぎんに扱って送り出してしまうという、辛抱強い護身術が働いているのではないか」（同前書140頁）

琉球に「何もない原初性」を見つけた岡本から、このような一つの琉球人像が提示されました。外からの暴力にたいして抵抗せず、辛抱強く耐えるという人間像です。併合、同化政策、沖縄戦、米軍基地などの犠牲が押しつけられても、だまって耐えてくれたほうが、日本政府、大部分の日本人にとっては都合がいいのです。原初的であり、人権などの近代的意識に基づいた政治行動をしない人が、望ましいのです。琉球をみずからの欲望にしたがって利用しようとする人にとって、大変都合のいい琉球人像であることが分かります。琉球にたいする植民地主義を固定化する役割を果たしています。

琉球に滞在しているとき、岡本は米軍主催のパーティーに参加して、次のような感想を述べます。

「アメリカ人の、個人個人の持っている無邪気さ、素朴な誠実が、沖縄人の善良さとうまくかみあっているという感じだった」（同前書144頁）

琉球人とアメリカ人は仲良くやっており、米軍基地が琉球にあっても問題はないという印象を日本人読者に与えたのではないでしょうか。琉球への基地の強制に罪の意識を感じないでいられるのも、「アメリカ人と琉球人は結構仲良くやっている」という一面的な、希望論的な思い込みがあるのかもしれません。

琉球人が日本人になることの意味

ここで日琉同祖論についてもう一度考えてみましょう。戦前、琉球人は日常的に日本人から差別されました。琉球人と分かっただけで、アパートを借りたり、食堂で食事をすることが拒否されたり、結婚や就職の差別もありました。１９０３年に大阪の天王寺で開催された内国勧業博覧会において、琉球人は檻《おり》に入れられ見せ物にされました。このような差別をなくすために、「琉球人も日本人である」ことを強調する日琉同祖論が主張されたのです。

しかし本来、差別をなくすには、差別する人が、みずからがもつ差別する意識を改める必要があります。差別をなくすのは、差別される人の責任ではありません。琉球人は日琉同祖論にしたがって自らの文化を捨て、日本に同化しようとしました。日本に同化すれば差別はなくなると信じましたが、それは沖縄戦で裏切られました。琉球人は日本軍人によって避難壕《ごう》から追い出され、敵に見つかるからと泣き叫ぶ赤ちゃんが殺されました。「スパイ容疑」の濡れ衣を着せられ自国軍に虐殺され、「情報漏泄《ろうせつ》防止」のために家族や地域住民の集団死を強制されたという戦争体験者の証言もあります。琉球人が日本人になることで、捨て石にされ、多くの琉球人が戦争で殺されたのです。同じく、米軍統治時代、「自分は日本人であり、日本は母国である」と信じて、米軍基地がない「本土並み」の琉球を日本政府に強く希望しましたが、それも裏切られました。

琉球人とは琉球という土地に住み続けてきた人々の総称です。みずからが琉球人であると意識する人々、琉球という土地に帰属性をもつ人々です。琉球人になるのはアイデンティティの問題ですから、琉球人をやめて日本人になることも可能です。ここに琉球併合後に同化政策が有効に作用した理由があります。

他方で、日本人を止めて琉球人になることもできます。私もそうでした。「復帰」の年に小学校3年であった私は、担任の教員から「方言札」の罰を受けました。生徒が琉球諸語を教室で話すと「方言札」と書かれた紙を首からつるされ、さらし者のように1日を過ごさなくてはならないのです。それ以降、日本でつくられた教科書で、日本政府が決めた教育方法で学ぶなかで「自分は日本人である」と自然に考えるようになりました。しかし、東京にでて、日本人と接していくなかで「自分は何ものか」という深いアイデンティティ・クライシスに陥《おちい》りました。「琉球人は日本人である」と教えられ、聞かされてきましたが、実際に接した日本人は琉球人である自分を「異族」のように扱いました。自分の頭で琉球の歴史を学んでみると、歴史的にも琉球人は異族であったことが分かりました。東京、グアム、パラオ、琉球、静岡、京都、滋賀などで生活しながら、「自分は日本人とは違う」と身体を通じて認識するなかで琉球人アイデンティティを獲得しました。自分が何者であるかが分かると、自信をもって前に進むことができます。

時代状況、日本と琉球との関係の変化によって、琉球人のアイデンティティは変わります。琉球人は「ウチナーンチュであり、日本人」という二重のアイデンティティをもっている人が多いようです。しかし、鳩山由紀夫首相（当時）が基地の県外移設を全国知事会で求めたときに、基地を引き受けようとしない知事や日本人の声を直に聞いて、琉球人は「沖縄差別」と叫びました。そのようなとき、琉球人は日本人であることを止めて、被差別者としての琉球人になります。差別や植民地支配を脱しようとする主体になります。「主権回復の日」、オスプレイ配備、辺野古の基地建設とたて続けに琉球人の精神を逆なでするようなことを日本政府がしてきたので、現在、琉球人と名乗る人が増えています。それが独立運動を突き動かす大きな力になっています。

アイデンティティ政治を軽視することはできません。アイデンティティは人間存在の土台になるため、政治経済に大きな影響を与えます。血による「種族的民族」ではなく、意識や合意に基づく「政治的・市民的民族」が今の琉球で形成されているのです。

琉球人はいつから日本人（日本国民）になったのでしょうか。それは1879年からです。琉球は日本に強制的に編入され、日本人にされたのです。しかし、日本人になったと言っても、差別、戦争、米軍統治、米軍基地などに見られるように、人間としての権利が与えられませんでした。ここに「琉球人が日本人になる」ことの欺瞞性があります。

第5節　独立運動は世界の潮流

スコッツの民族主義

私は2014年9月14日から22日までロンドン、スコットランドに滞在して、スコットランド独立運動の現場に身をおきながら琉球独立を考えました。今回の独立投票の有権者は、イギリス、英連邦、EU加盟国の国籍を有する16歳以上の人々でした。

つまり、スコッツ（スコットランド人というアイデンティティをもつ人々）に限定されていないがゆえに、「民族主義運動と住民投票とは関係がない」という意見があります。これまで私もみずからの著作でスコットランド政府の政権与党である、Scottish National Party（ＳＮＰ）を「スコットランド国民党」として日本語訳してきました。しかし、実際に同地に赴いて独立運動を学ぶなかで、スコットランド民族主義が独立運動の柱になっていると確信し、同党を「スコットランド民族党」と訳するようにしました。そもそも、スコットランドはまだ独立しておらず、「国民党」とは言えないのではないでしょうか。

私の本『琉球独立への道――植民地主義に抗う琉球ナショナリズム』（法律文化社、２０１２年）には、スコットランド独立運動に関してデリック・マックルアーにメールでインタビューした文章が掲載されています。今回のスコットランド訪問で、同氏にアバディーンで初めてお会いしました。５年ほど前に琉球を訪問し、琉球人と交流を深め、スコットランド独立について話をされた方です。

同氏は、グラスゴー大学やエジンバラ大学で学ばれたあと、アバディーン大学において長年、スコットランドの言葉、文学、歴史を教えられるとともに、ＳＮＰの党員として独立運動をしてきました。次のように独立や言語について私に語ってくれました。

「10歳の時に学校の先生がスコットランド独立を主張しているのを聞き、感動して、自分も独立論者になった。その当時、スコットランド語は教室内での使用が禁止され、話すと罰の対象となった。今は学校で学ぶことができ、スコットランド語が日常的に話されるようになった」

「スコットランドには詩人が多いが、その大半は独立派である。ロバート・バーンズという有名な詩人の誕生日以外はスコットランド語を教室内で話すのが禁じられていた。しかし現在、特にスコットランドの北西部地域ではゲール語の教育が盛んに行われており、ゲール語が話されている」

同氏がアバディーンの街を案内して下さいました。スコッツの英雄、ウィリアム・ウォレスが刀をもって闘う姿の銅像がありました。土台には、「イギリスの侵略に闘い、スコットランドの独立を回復させた偉大な英雄」という文字が刻まれています。またアバディーン市の中心的な建物の前に、スコットランド王、ロバート・ブルースの銅像があり、その建物の壁には伝統的な紋章が掲示されています。アバディーンに限らず、みずからの歴史を常に思い起こさせる、建築物、石畳、紋章、石碑、銅像などをスコットランドの他の地域でも目にすることができました。スコッツは、何百年という長いスパンで自分たちの現在や将来を考えることができる社会環境のなかで生活しています。これまで大切に培ってきた歴史や文化に包まれながら、未来の国を創り出そうとしているのです。

アバディーンには北海油田の精製基地があり、北海油田によって発展した街です。港には原油を運ぶ船が横付けされていました。現在は英政府や大企業が利益の大半を得ています。しかし「北海油田はスコットランドのものだ！」とＳＮＰが主張するようになって、独立運動が大きな広がりをみせるようになりました。市内には海事博物館があり、琉球と同じくスコットランドも島嶼社会であり、海との関係が深い場所であるとあらためて気付かされました。

同氏が市内の書店で、スコットランド関係の書籍を紹介して下さいました。言葉、歴史、文化、自然など、あらゆる分野のスコットランドに関する本が陳列されたコーナーがありました。「スコットランド学」とも言える学問の蓄積が独立運動の背景にあるのです。同氏はゲール語やスコットランド語で記述された本をその場で音読しました。スコッツの魂（マブイ）の声が「言霊」のように私の心に伝わってきました。母語で書かれた子供向けの本も多く、言語復興運動が着実に進んでいることが分かりました。スコットランド内を移動する電車のなかで、私は母語で会話するスコッツを何度も見ました。耳を澄まして聞いているとスコッツの言葉は全く英語とは異なり、言葉のリズミカルな響きが耳に心地よかったことを覚えています。各駅の名前が書かれた看板にも英語とゲール語が併記されていました。

みずからの歴史や文化を大切にし、スコッツという民族意識に基づく独立運動を続けてきた同氏から「民族の痕跡」を見せて頂きながら、スコットランド民族主義と独立運動の強い関連性を学ぶことができました。

スコットランドの独立運動から学ぶ

独立投票の結果は反対55％で独立否決となりました。しかし、45％の人々、約162万人が独立賛成の票を投じたことは、琉球独立にとっても大きな意味をもち、琉球人に独立にむけて勇気を与えました。

BBCを初めとするロンドンに拠点をおく主要マスコミは、独立反対のネガティブ・キャンペーンを展開しました。例えば、2014年9月16日の「フィナンシャル・タイムズ」紙は、アラン・グリンスパン元米連邦準備制度理事会議長の次のような見解を掲載しました。「独立はスコットランド経済を破綻させ、西側諸国にとっても地政学的な問題になるだろう。今後、北海油田も減少し、イングランド銀行はスコットランド国の最後の貸し手にならない」またロバート・ゼーリック元米国務副長官の「イギリスの国力低下は西側諸国全体にとって悲劇となる」という言葉や、米政府関係者の「アメリカとイギリスは100年間、ともに戦ってきた同盟国である」という意見を伝えて、独立賛成派を牽制しました。

政治的に中立性を保持すべきエリザベス女王、そしてオバマ米大統領、デビッド・ベッカムなどの著名人も独立反対の意思を示しました。英政府は、独立後にスコットランド国政府が自国通貨のポンドを利用することを認めないと発表しました。ロイズTSB銀行、スタンダードライフ、ロイヤルバンク・オブ・スコットランドなどの大手企業は独立後にスコットランドから撤退するという脅しをかけました。スコッツが明確にイギリスからの分離独立を求めていたからこそ、このような国内外でのネガティブ・キャンペーンが行われたのです。

過去の世論調査で独立賛成は3分の1程度しかいませんでした。しかし、今回の投票で45%を獲得しました。独立を掲げるスコットランド民族党（SNP）に、投票日を挟んで4日間で新たに約1万7000人が党員として加入し、同党は、保守党、労働党に次いでイギリスで3番目に大きな政党になりました。長期的に見れば今回の投票は将来の独立実現において大きな一歩となったと言えましょう。

同党は、2007年からスコットランド政府を運営し、2011年からは議会でも過半数の議席を有するようになりました。同政府のアレックス・サモンド第一首相は投票後、辞意を示しました。次期の党首、第一首相にはニコラ・スタジョーンSNP副党首が就任し、彼女は同政府で最初の女性第一首相になりました。２０１５年５月に行われた英下院総選挙においてSNPは保守党、労働党に次ぐ第3党に躍進しました。

なぜ今回の住民投票で独立賛成派が増加したのでしょうか。賛成票を投じた人の年代をみると、若者が最も多かったのです。実際、独立運動の拠点となったグラスゴーのジョージ広場は多くの若者で溢れ、同地にあった「イエス・キャンペーン（独立賛成運動）」事務所や、エジンバラにあるSNP本部でも若いスコッツが活発に働いていました。

また「イエス・キャンペーン」も大きな成功をおさめました。さまざまな独立関連グッズの販売や配布、ボランティアによる戸別訪問、街頭での呼びかけなど、巧みな広報活動が独立支持の投票数を増やしました。

独立を求める理由の一つが、核ミサイル潜水艦基地のスコットランドへの押し付けです。私は監視カメラが何台も目を光らせ、パトカーが何度も巡回しているファスレーン海軍基地のフェンス沿いを、在琉米軍基地と比較しながら2時間近く歩きました。途中で軍警察の職質を受けましたが、目的地のファスレーン平和キャンプにたどり着くことができました。辺野古の監視小屋のように、国内外から集まった平和運動家が住み込みながら核弾頭の搬入阻止活動やカヤックでの海上抗議活動を行っています。スコッツは独立によってロンドン政府による基地の強制という差別政策から脱却しようとしているのです。

スコットランド独立運動から琉球は何を学べるでしょうか。琉球もスコットランドと同じく、かつて独自な国であり、みずからの文化や歴史を有しています。307年間のイギリスとの連合関係を根本から問うのが今回の独立投票でした。琉球の場合、日本の統治下に置かれたのは1879年から1945年、1972年から2015年までの109年間でしかありません。宗主国と300年以上の関係があっても、民主主義の具体的な選択肢として独立が有効であることをスコットランドが示しました。

琉球も独立投票を行なう場合、スコットランドでのようなネガティブ・キャンペーンが大々的に展開されることが予想されます。それへの対抗措置や理論・政策構築、草の根的な独立運動の手法、運動の担い手（特に若い人々）の活躍、反基地運動の方法などをスコットランドから学び、互いに協力し合うことができます。

グラスゴーと独立運動

宿泊先のホテルがあったエジンバラから何度も電車で往復したのがグラスゴーです。グラスゴーは労働者の街と呼ばれ、イギリスの産業革命でも中心的な役割を果たしました。独立運動の拠点となったジョージ広場において、環境保護や労働者の権利を主張する団体が関連資料を配布・販売し、労働条件の改善を求める署名活動をし、横断幕で核廃絶や独立を訴えていました。マーガレット・サッチャー首相時代に、造船、石炭・鉄鋼などの産業の合理化政策を推し進め、スコットランドで先行して人頭税を賦課して、労働者に厳しい政策が実施されたことも独立運動に火をつける原因になりました。

ジョージ広場には、女性や男性、子供や大人、性的マイノリティ、キルトの民族衣装を着た人、さまざまな民族が「独立」という同じ思いを胸にして足を運んでいました。私が話をした女性は、英政府の軍事政策を強く批判し、独立後の福祉政策の充実を希望していました。広場にいたスコッツと「独立」について話し、握手をし、ともに同じ道を歩んでいるという同志愛を体全体で感じることができました。

広場には、革ジャンの背中に「End English Rule」と自筆し、鼻にピアスをした青年がいました。「自分たちは歴史、文化がイングリッシュとは違うのだ、よけいな介入や強制をするな！」という、人間としての当然の主張なのです。

今回の投票結果をみると、中高年の人々に比べて、多くの若者が独立支持の投票を行ったことが分かります。これはスコットランド独立運動にとって大きな希望です。なぜなら将来の独立の可能性がより大きくなることを意味するからです。

スコッツの女の子たちが、おじさんから独立支持と書かれた風船をもらうために並んでいました。顔に国旗のデザインを描いてもらった子供たちが、会場内で走って遊んでいました。大人や子供に関係なく、独立はみずからの生活、アイデンティティにかかわる大切なことなのです。「政治集会」のように厳めしくなく、日常生活のなかに独立運動があり、楽しみながら運動が行われていました。

赤ちゃんがベビーカーや親の肩車にのり、小学生が親に手を引かれて、集会に参加していました。ある赤ちゃんは父親の肩の上で、口をしっかりと結び、大きな目を見開いていました。スコットランド独立運動の後継者、国づくりの担い手は着実に育っています。子供は親の後ろ姿を見て成長するのです。

住民投票後、再びジョージ広場を訪問しました。投票で独立が否決されたにもかかわらず、多くのスコッツが集まっていました。皆が立ち並ぶ輪のなかでスコッツがかわるがわるハンドマイクを手にして独立の正当性を訴え、これからも独立運動を続けていくと力強く訴えました。スコッツの独立への揺るぎない確信に満ちた声を聞いて、スコットランド独立運動の強靭《きょうじん》さを感じました。ハンドマイクを通じて発せられた肉声の一語一語が、同じく独立を求める琉球人の魂を揺さぶりました。

独立運動の拠点としてのグラスゴーの歴史を学ぶために「人民の宮殿（People's Palace）」を訪問しました。ロンドンにはエリザベス女王がいるバッキンガム宮殿があります。宮殿とは女王や王が住む場所ではなく、「普通の生活者」こそ、宮殿という場所に相応しいという、人民主権を求める人々の意思を体現したような場所でした。グラスゴーの生活者の歴史について、多面的な視点（生活の変遷《へんせん》、犯罪、アルコール依存症、戦争、労働運動、独立運動、女性解放運動、人権運動など）から展示、説明がなされていました。「琉球にもこのような博物館があったらな」と考えながら、スコットランドの歴史を人民の目から振り返りました。

特に関心を引いたのが、労働運動、女性の人権獲得、南アフリカのマンデラ支援運動、反トマホーク運動、ネオナチ反対運動、独立運動を説明した展示でした。現在のスコットランドにおける独立運動はこれまでの人権確立運動の延長線上にあり、土台が強固であり、独立の投票結果のいかんにかかわらず、これからも続くだろうという確信を得ることができました。

人民の宮殿の前には、何体もの人の彫刻で作られた噴水があります。一番下にオーストラリア、カナダ、南アフリカ、インドという大英帝国の植民地であった人々の銅像があり、噴水の頂点にイギリスの女王が鎮座しています。大英帝国時代に多くのスコッツはイギリスが植民地支配した場所に移住して、大英帝国を支えたという歴史があります。植民地支配にたいするみずからの加害者性を、植民地の人民の視点に立って、スコッツが直視するという構図になっています。

噴水の近くのベンチで休んでいたら、結婚式を挙げるカップルがリムジンから出て、家族や友達と一緒に記念撮影をしていました。新郎や男性の友達はキルトの伝統的なスカートを着用していました。ジョージ広場や、エジンバラの駅や道路でも伝統的な装束をしている男性を見かけました。民族的な文化伝統を誇りにしているスコッツが多く存在していることも、スコットランドの独立運動と民族主義が強く結びついている理由として指摘することができます。

グラスゴーのコンサートホールの壁に古風な紋章が掲げられていました。そこには「グラスゴーを繁栄させよう」という英語の文字が刻まれていました。この紋章は街の他の場所でも見かけましたが、それ以上に目にした標語は「People make Glasgow」という言葉です。レンタサイクル、公園、建物、電子看板など、街中を歩いていると、この言葉が必ず目に飛び込んできました。行政や、誰か他者が街をつくるのではなく、「皆でグラスゴーをつくろう」という、市民の主体的な参加の意思を感じました。このような人民主権の精神と実践が独立運動の土台になっているのです。

スコットランド独立と世界

ジョージ広場の一角で、スコットランドのフォークソング、ロック、バグパイプの音楽が演奏され、皆でスコットランドの国歌を唄い、独立の主張に耳を傾けていました。そのなかでアフリカのガンビア出身の方がドラムを叩きながら、次のように英語で唄っていました。「アフリカの国々も独立できたのだから、スコットランドだって独立できるのだ！」周りの人々も大変喜んで、一緒に太鼓の音にあわせて踊っていました。1960年に植民地独立付与《ふよ》宣言という国際法がつくられ、アフリカの植民地の独立が加速化しました。21世紀の現在は、それにスコットランド、そして琉球が続こうとしているのです。

スコットランド独立運動は、世界の他の場所で独立運動を進めている人々にも勇気を与えました。ジョージ広場には、スペインのカタルーニャ自治州から駆けつけた人々が乗車した、同自治州の旗を掲げた車が置かれていました。その周りでカタルーニャ人がスコッツにチラシを配りながら、互いの独立の正当性を語り合っていました。同自治州では、約200万人のカタルーニャ人が独立を求めるデモを行い、2014年11月9日にはスペイン政府の反対を押し切って独立を問う住民投票を実施しました。しかし、賛成が圧倒的多数だったものの、憲法裁判所が投票は違憲としました。カタルーニャ人はスコットランドの独立運動を熱い思いで見て、その勇気に押されながら住民投票を決行したのです。

エジンバラに帰る途中の電車で隣り合わせたカタルーニャ人から、同地の独立について話を聞きました。この方もジョージ広場で活動をしての帰りであり、次のように私に語ってくれました。

「カタルーニャはスコットランドの独立運動の過程を見つめており、その後に続こうとしている。またスペインのバスクでも独立運動が盛んであったが、近年ではカタルーニャのほうが独立運動では先を行くようになった。スペインから独立を求める理由は、経済的に豊かなカタルーニャから利益の多くがスペイン政府によって奪われていることにある。また、スペインの他の地域とカタルーニャはその歴史や文化、言葉が全く異なるという文化的違いも独立運動の要因になっている。カタルーニャ語の教育も学校で行われるなど、カタルーニャ人の民族意識が拡大している」

私はスコットランドの土地を踏みしめ、その独立運動の渦中に立ち、スコッツと語り合い、琉球の独立運動と比較し、今後のあり方を考えました。スコットランドの独立運動は、われわれ琉球人に多くの示唆を与えてくれます。21世紀の現在において、植民地主義の体制下で生きる人々が自己決定権を行使する具体的な方法としての独立は、過去の遺物ではなく、最先端の政治運動であることをスコッツが示したのです。

世界中から独立運動団体がスコットランドに集まりました。「西欧民主主義制度の母国」と言われるイギリスにおいて、独立が地域の平和・発展・自由を実現する具体的な政治的な選択肢として議論され、自己決定権行使のための投票が実際に行われたのです。

２０１４年12月に沖縄国際大学においてスコットランド独立運動に関するシンポジウムが、琉球民族独立総合研究学会の主催で開かれました。そこではスコットランドの住民投票を解釈するのではなく、「独立を求める琉球人」という当事者意識をもってスコットランドの独立運動を考え、琉球独立を実現するために何を学ぶのか、どのようにスコッツと琉球人が独立運動を連係して進めるのかについて議論をしました。

スコットランドでは独立を前提とした政党活動が80年以上続いています。先の住民投票によって独立への歩みは終わったのではなく、独立に向けた新たな歩みが始まったのです。スコッツと琉球人は互いに協力しながら、独立を実現することができます。

スコットランドにおける住民投票は、世界で独立運動が現在進行形で展開されていることを示すものです。独立は、ある地域における不正義の問題を解決し、平和や発展を可能にする具体的な手段であるという認識が世界的に広がりをみせています。

スコットランドの独立運動から、琉球は勇気をもらい、戦術を学び、独立への道を一歩一歩進めることができます。

第2章

どのように独立するのか

第1節　琉球の民族独立運動

琉球ナショナリズムの誕生

「ナショナリズム」という言葉を耳にすることが多くなりましたが、それは次のように定義されています。

「一つの文化的共同体（国家・民族など）が、自己の統一・発展、他からの独立をめざす思想または運動。国家・民族の置かれている歴史的位置の多様性を反映して、国家主義・民族主義・国民主義などと訳される」（『大辞林』）

琉球人という民族は、１８７９年に琉球国が日本政府によって滅亡させられた前後から、王国の復興、独立を求める運動を21世紀の現在まで続けています。これを琉球ナショナリズムと呼びます。

みずからの土地や民族が危機にさらされると、自分は何者であるかを考え、自分たちで土地を守ろうとする運動、つまりナショナリズムが盛り上がるようになります。ナショナリズムは、人間の自己防衛本能に基づいています。琉球は今、危機的状態にあります。珊瑚を埋め立てて新たな基地ができるだけでなく、自衛隊基地が宮古・八重山諸島、奄美諸島に拡大され、日米共同訓練が実施されるなど、琉球を戦場とする状況が日常的に進んでいます。私の実家がある沖縄島の那覇市小禄《おろく》でも、近年、自衛隊のヘリや戦闘機による訓練が増え、以前より騒音がひどくなったと感じます。実家の窓から軍用ヘリが間近に飛ぶのを何度も見ました。近所でも迷彩服を着用した自衛隊員が歩き、自転車にのって基地に移動するようになりました。軍事訓練を日常化し、軍事的な光景や騒音に住民を慣らそうとしているかのようです。

「故郷を再び戦場にしたくない」という強い拒否感が琉球ナショナリズムの勃興《ぼっこう》をうながしています。ナショナリズムは政府による弾圧、アメとムチの懐柔策で消えてしまうものではありません。

安倍政権は「戦後レジーム」からの脱却を唱え、憲法改正や集団的自衛権法制化の動き、特定秘密保護法の制定、日米同盟体制強化、「主権回復の日」の式典開催など、日本ナショナリズムを強化してきました。日本ナショナリズムは琉球人にとって、民族的同化、基地の固定化や機能強化としてあらわれ、琉球が再び戦場になる恐れが高まることを意味しています。日本ナショナリズムは、琉球ナショナリズムという、ステイトレス・ネーション（国家なき民族）、マイノリティ・ナショナリズム（少数派のナショナリズム）を生み出しています。琉球国という国家は日本政府によって消えましたが、琉球人という民族は21世紀の今も生きているのです。

日本人は琉球人を同じ運命共同体の同胞とは認めていないようです。70年も米軍基地を琉球に押し付け、辺野古新基地建設にたいして国民的な反対運動が起きないのが日本の国柄なのです。現在も、中国や北朝鮮の脅威にたいする日本の安全を確保するためという理由で、琉球に犠牲を押し付けようとしています。

日本人は米軍基地問題も人ごとのように眺めています。ところが、琉球人にとっては海や島は生活の場所であり、みずからのアイデンティティの拠り所であり、先祖が生活し、子孫がこれからも住み続ける場所です。米軍基地は生活、生命、家族や仲間を脅かし、琉球人を貶めるものです。日本人と琉球人との琉球にたいする向き合い方は根本からして違います。

しかし、琉球の政治的地位、将来の方向性をだれが決定してきたのかというと、日本政府や国会なのです。琉球を〝モノ〟としてしかみない日本政府ではなく、今までその土地に住み続けてきて、これからも住み続ける琉球人が琉球の主人公であるべきです。これはしごく真っ当な意見だと思いませんか。

日本ナショナリズムは、日本人同士の連帯を強化し、日本全体の長期的な発展や平和のために一人一人の日本人を貢献させるという目標があります。しかし、日本の長期的な発展や平和と琉球のそれらとが大きく異なるという状況が明確になりつつあります。その違いを違いとして認め、戦前のように劣等感に陥るのではなく、かえって琉球人であることを誇りに感じる人々が近年増えています。

琉球人は民族である

民族とは共通の歴史、文化、言語、制度、生活様式、行動様式を持つ人々の社会共同体とされています。日本と琉球は、民族の要素が異なる、別個の民族です。亜熱帯性気候、植物や動物の違い、琉球国の歴史、琉球諸語という独立した言語、門中《もんちゅう》制度(親族制度)、清明祭《シーミー》(先祖祭祀《さいし》)など数えきれないほどです。1879年から日本の支配下に入ったので、それ以前の日本に関係する歴史的遺跡も琉球にはほとんどありません。「地域のなかで日本の歴史を学び、感じながら日本人になる」という、日本人がアイデンティティを身につける機会が琉球人には非常に少ないのです。琉球人という独自の民族意識に目覚め、それを強く保持してもおかしくない風土が琉球なのです。

シュロモー・サンドはナショナル・アイデンティティについて次のように述べています。

「アイデンティティが、個人が世界を秩序だて、みずからを主体として定立することを可能にするためのプリズムであるとすれば、ナショナル・アイデンティティは、国家が多様な集団からなる住民に構造をあたえ、住民がみずからを特殊な歴史的主体として自覚するのを助けるための手段なのである」（シュロモー・サンド『ユダヤ人の起源――歴史はどのように創作されたのか』浩気社、2010年、83〜84頁）

琉球人がみずからを独自な歴史的主体として自覚する手段が、琉球人アイデンティティです。「復帰」後の歴史のなかで、2014年の沖縄県知事選挙ほど「アイデンティティ」が強調されたことはありません。これは琉球の長い差別と支配の歴史を踏まえて、琉球の現在と将来を考える琉球人が集団として台頭してきていることを意味します。

これまで日本人としてみずからを考えていた琉球人が、自分とは何者なのか、日本人なのか、琉球人なのかを真剣に問うようになりました。学校やマスコミを通じて琉球人は日本人であると教えられ、「復帰」運動でも、日本が琉球の母国と信じてきました。しかし同胞であるはずの日本人が、琉球人の集団としての苦しみを自分の問題として考えていないことを、もはや否定できなくなったのです。

世論調査などでは、自分は琉球人でもあり、日本人でもあると答える人が多いようです。その時の「日本人」とは「日本国民としての日本人」という意味であり、民族的に日本人とは認識していません。琉球諸語で、民族的な琉球人は「ウチナーンチュ、ウチナー」、民族的な日本人は「ヤマトーンチュ、ナイチャー」と言います。みずからをヤマトーンチュであると考えるウチナーンチュはいません。制度的には日本人であるが、アイデンティティは琉球人と考えている人が一般的なのです。なぜでしょうか。日本による琉球にたいする植民地主義の歴史、琉球諸語を中心とする文化的独自性、現在の政治経済的な支配従属関係などを、琉球人が日常生活のなかで感じているからです。

１８７９年から「立派な日本人」になるという「努力の強制」が行われてきました。「立派な日本人」になることは、そのまま日本の犠牲を負うことを意味しました。今、琉球人は日本人であることに安心や誇りを感じることができないと思うようになりました。みずからを抑圧し、不自由を強いる相手と自己とを同一化することはできません。

民族としての琉球人は、種族的、つまり「血」によって決定されるというよりも、市民的な自由意志に基づいて「自分は琉球人である」という自覚を持つことで、琉球人になるのです。民主主義的に、琉球の人々による合意にしたがってアイデンティテイ共同体が形成されます。他者が、ある一定の尺度をもって琉球人を定義するという性質のものではありません。

かつて琉球国には王族、貴族、そして多数の農民、漁民がいました。血統主義に基づくナショナリズムであれば、上層階級に属していたのか、または琉球の親族制度である門中の大勢力の一員であるかどうかが、琉球人個人のステータスを決定する要因になるのかもしれません。しかし、現在の琉球ナショナリズムにはそのような兆候は一切ありません。

近代以降、琉球諸語は学校や役所などの公的空間から消されるように仕向けられました。方言札という罰が子供たちに科せられ、日本語が国語として正当性をもち、琉球諸語を話すと差別や処罰の対象になりました。沖縄戦の時には、琉球の言葉を話しただけで「スパイ容疑」の濡れ衣を日本兵から着せられ、虐殺されました。しかし、近年は琉球諸語が「しまくとぅば」と呼ばれ、琉球の各地でその学習会や発表会が開かれ、ラジオやテレビでもそれを聞く機会が多くなりました。那覇市役所では市民とのあいだで「しまくとぅば」による挨拶が行われ、職員採用試験の面接でもその会話能力が試されるようになりました。琉球諸語は日本語の方言ではなく、独自な言語であると国連機関のユネスコも認めています。言語復興運動は、家庭内だけでなく、学校、行政機関、地域社会という、より広い公的社会で行われています。このような現象はこれまでにはなかったことです。

琉球の平和や発展を議論するとき、「自治、自立」という言葉がキーワードとして語られてきました。これらの言葉と「独立」はどう違うのでしょうか。前者は主体が琉球人であるかを問いません。どの民族であれ、琉球の政治経済的自立や自治が実現することを目指すという立場です。他方、後者は「民族独立」という言葉があるように民族が主体になります。国際法でも民族の自己決定権行使による独立の可能性が保障されています。「独立」の場合は、過去そして現在の琉球が植民地であるという認識が前提になります。この状態から脱する手段として独立という選択肢が最も有効であると考えるのです。**「琉球人の琉球人による琉球人のための独立」**を琉球人は独自な民族として目指しているのです。

なぜ日本への同化が進まないのか

戦後27年間、米軍統治下におかれた琉球は、１９７２年の「復帰」後、日本への同化が全面的に推進されてきました。日本政府による教育政策、日本の行政組織のなかへの編入、日本のマスコミによる画一的な情報の提供。日本への同化政策を推し進めたのが、振興開発です。日本政府の官僚が策定した沖縄振興開発特別措置法、沖縄振興開発計画に従って琉球の急速な開発が推し進められてきました。その最重要の目標とされたのが「本土との格差の是正」です。日本は琉球よりも先に進んでおり、目指すモデルであり、その日本との格差を埋めるのが振興開発でした。つまり、経済的、社会的な同化、それらを介して、精神的にも日本人になることが琉球人には期待されたのです。

2014年までに約11兆円を琉球に投じた振興開発によって同化が進んだのでしょうか。振興開発によって琉球のインフラは格段に整備され、議会、行政府、道路、通信、交通、印刷、マスコミ、学校、出版などの近代化、現代化が大幅に進みました。アーネスト・ゲルナーが言うように、近代諸制度の革新が進むとともに、ナショナリズムが高揚しました。琉球におけるナショナリズムは、日本ではなく、逆に琉球への帰属性を強く意識するものになりました。

その理由はいくつかあります。

❶観光業、情報通信業、物流業、食品製造業などを中心にして経済発展したことにたいして自信がついたからです。かつては琉球人であることは劣等感を生み出すもの

でしたが、今では誇りと自信の源泉になりました。
❷アジア諸国と琉球との経済関係が深まるにつれて、日本と琉球との関係が相対化されました。「復帰」前までは、アジア諸国の経済レベルは低く、日本を母国と崇《あが》める琉球人の心性とあいまって、日本との関係は何ものにも代えることのできないものでした。しかし、アジア諸国の経済が世界的にも大きく発展するなかで、アジアや日本にたいする琉球人の認識が逆転しつつあります。
❸日本政府は、琉球に基地を押し付ける限り、振興開発を止めることはできません。振興開発を提供する理由の一つが、琉球に広大な米軍基地が存在することだからです。振興開発によって琉球の日本への同化は進まず、かえって琉球ナショナリズムを強化するという、日本政府にとっては矛盾した結果をもたらしています。
❹琉球のテレビ、ラジオで琉球的なものが毎日のように放送され、新聞でも辺野古新基地建設、基地被害の記事が一面で伝えられています。琉球人であることに引け目を感じない民族意識を子供から大人まで持つようになりました。辺野古新基地反対運動のテントにも琉球の各地から大型バスで一般の住民が参加して座り込みをしています。抵抗運動が日常化しているのです。辺野古でも「民族誕生の物語」が日々、生成しています。民族、民族運動が概念だけの世界ではなく、リアルな世界で見ることが

できるのが今の琉球なのです。

「復帰」して年を重ねるほど、「同化」「日本化」は自分たちの心身や社会にふさわしくないことが実感として琉球人に共有されてきました。言葉、安全保障観、歴史観、戦争観など、琉球人と日本人とのあいだには越えることができない高い壁がそびえているようです。琉球人と日本人を隔てている壁を取り払うために、琉球人は琉球の現状、怒りや思いを同胞であるべき日本人に訴えてきました。しかし、その声は日本人の大部分の耳には届かず、日本政府の琉球にたいする差別政策を変えるにはいたっていません。この壁を壁として認め、琉球は琉球で独自の道を歩んだほうがいいと琉球人は決意するようになったのです。

日本ナショナリズムとは何が違うのか

「大東亜戦争」において日本は、アジア太平洋の海の上に「海の生命線」という、日本を守るための防衛圏を描きました。戦争になると太平洋の島々と同じように琉球も「捨て石」の戦場となりました。かつて日本政府の政治的、軍事的支配下におかれた島、半島、大陸地域のほとんどは戦後、独立しました。しかし琉球はまだ独立せず、その独立問題は未解決のままです。

私は愛国心そのものを否定する立場ではありません。日本の歴史や文化を否定しているのでもありません。京都や滋賀で生活をしていると日本の文化や歴史の美しさ、伝統の重み、人の情の細やかさを日常的に感じています。日吉大社、比叡山延暦寺、西本願寺、伏見稲荷大社などを訪問して、神仏を拝んでいます。日本の歴史や文化の優れた面を評価しつつも、琉球のそれとは大きく異なることも同時に実感しています。

島で生活すると否が応でも琉球の過去と現実に直面する機会が多くなります。例えば、首里城に行けば王国時代を偲《しの》び、沖縄島南部の摩文仁《まぶに》の丘に足をのばせば、沖縄戦の悲惨さを知ることができます。広大な基地も目の前にあり、軍用機の騒音は身体を揺らしています。米軍人による事件事故は日常的に発生しており、自分自身、家族、友達がいつ被害者になるかわからないという不安を抱えて生きています。

家族や親戚に沖縄戦の生存者、米軍犯罪の被害者がいるかもしれません。島嶼としての琉球社会では、「琉球的なもの」と自分との関係が、距離的にも社会的にも密接になります。そのような人々と、琉球の北方に住む日本人との考え方や感性が異なってくるのは当然といえば当然です。日本人とは異なる民族が、21世紀の今この時にも生まれ続けているのです。それは国家をつくることができる法的主体としての民族が、誕生していることを意味しています。

「琉球と自分は一体である」という自覚を持つ琉球人が増えています。戦後70年、「琉球人は日本人である」という認識をもたせるような学校教育が行われてきました。「復帰」前も、日本の教科書が琉球の学校で使われ、日本語が「国語」として教えられました。日本人のなかには誤解している人がいるかもしれませんが、決して「英語」が国語として教育されたのではありません。日本は祖国であると信じ、琉球人が直面するさまざまな困難を親心でもって取り除いてくれるだろうと期待しました。しかし「復帰」して日本の一部になると、そのような期待が幻想であったことが分かりました。

日本社会は「イエ社会」であると言われています。天皇家、貴族、武家、歌舞伎や能役者、茶道や生け花の家元など、さまざまな家制度が社会全体に張り巡らされてきました。1879年まで琉球は日本の家制度につながりをもちませんでした。琉球国最後の国王であった尚泰《しょうたい》の曾孫《ひまご》の文子は、井伊直弼《なおすけ》の曾孫と結婚し、滋賀県の彦根市で生活していました。琉球人の血が日本の高級武士一門に入ったのも、琉球併合後でした。琉球を島津藩が侵略した1609年の後も、琉球王家と日本の皇室、将軍家、大名家とは姻戚関係が結ばれませんでした。琉球は、日本の「イエ社会」から排除されていました。つまり、日本と琉球とは異なる民族共同体なのです。

植民地とは、異民族が住んでいる土地を併合して、本国とは異なった法制度や政治体制によって統治する地域でもあります。琉球併合後、沖縄県全体に日本の他の地域と同じ法制度が導入されたのは1920年でした。併合後41年間も本国とは異なった法制度だったのです。現在も、琉球にだけ適用されている独自の法制度があります。経済的にも日本企業による経済支配という実態があります。

たとえ琉球人が異民族ではあっても、同化政策によって固有の文化や言語、民族意識が無くなれば完全に本国の一部になったと言えるでしょう。日本政府はこのように認識して、今でも「琉球国はない。琉球人はいない」と主張しています。しかし琉球では逆の動きが主流になっています。日本政府は「アメとムチ」の政策によって民族意識が高まった琉球人に、さらに差別的な国策を押し付けています。これは民族意識をかえって強めるという、日本政府にとっては逆効果しか生みません。

植民地において民衆の不満が統治者に向かわないように、同一民族の対立を煽り、みずからは調停者としての役を演じるという植民地主義を、今の琉球でも見ることができます。辺野古、高江、普天間の米軍基地に行くと、琉球人の基地反対派と沖縄県警とが同じ民族であるにもかかわらず、にらみ合い、対立するという構図が作り出されています。琉球人同士で消耗させて、民族の抵抗力を削ぐという政治戦略なのかもしれません。

振興開発というカネで日本の植民地主義は解消されるのでしょうか。どれほどカネが琉球にバラまかれても、米軍基地が生み出す爆音、殺人やレイプの恐怖、米軍機墜落の危険性は減らないのです。これまでの43年間の振興政策の歴史が証明しているように、振興開発によって琉球の経済は自立化しないのです。日本企業による植民地経済が強化され、開発が琉球人が生きる土台となる自然環境を破壊しただけです。日本政府の「政策の貧困」が、琉球人アイデンティティを強化する一因になっています。

第2節　非暴力による独立運動

独立運動は内乱罪の対象になるのか

２０１３年に琉球民族独立総合研究学会が設立されたあと、日本国内から支援の声とともに、批判の意見もいただきました。私は研究者ですので、琉球独立に関する理論や事実関係に基づく批判には真摯に耳を傾けて、学問としての琉球独立論を深めたいと考えています。学会にたいする批判は誤解からでたものが多いのですが、その一つに「琉球独立運動は刑法の内乱罪、外患誘致罪に相当する、けしからん！」というものがあります。

「内乱罪」とは、刑法第77条に規定されている罪であり、「国の統治機構を破壊し、又はその領土において国権を排除して権力を行使し、その他憲法の定める統治の基本秩序を壊乱することを目的として暴動をした者は、内乱の罪とし、次の区別に従って処断する」と規定されています。また刑法第78条の「内乱予備罪・内乱陰謀《いんぼう》罪」は内乱の予備または陰謀をした者、刑法第79条の「内乱等幇助罪」は、国家転覆を企図した内乱者に兵器、資金、食料を提供するなどして支援した者をそれぞれ罰する法律です。内乱罪の首謀者は死刑または無期禁錮《きんこ》に処せられるという、非常に重い刑罰です。

ここで注意してほしいのは、内乱罪は「統治の基本秩序を破壊するための暴動を起こす」ことが罰の対象になっていることです。琉球独立運動は、日本の統治機構を破壊することを目的にしていません。国際法で規定された民族の自己決定権を平和的に行使したいと考えています。独立のための平和的な方法とは、国連の支援をえて、国際法に基づいて、独立を問う住民投票を琉球において実施することです。世界の多くの植民地がこの方法にそって独立しました。１８７９年以来、今日まで琉球では独立運動が絶えることなく続いていますが、日本政府という統治機構を実力で破壊することを目的にした独立運動は一つもありません。暴動、殺人、傷害、放火をしてもいないし、やろうともしていません。そのようなことをすれば、生命の尊さを身にしみて感じている琉球人から独立運動はそっぽを向かれるでしょう。また日米両政府によって格好の弾圧の理由とされ、独立の意見さえ表明することが禁止されてしまうかもしれません。人やモノに対して危害を加えない、「非暴力」の精神を柱とする独立運動が琉球らしい運動なのです。

平和を心から希求する琉球人は「内乱罪」に該当するような行為をしません。内乱罪が琉球国時代に適用されるとしたら、「琉球国における統治の基本秩序を破壊する暴動」を起こして、琉球国を破壊した日本政府にこそ内乱罪は適用されるべきです。特に琉球併合を主導した大久保利通や伊藤博文の責任は大きいのです。日本政府から派遣された松田道之・琉球処分官が、500人近くの軍隊・警察を引き連れて、強制的に琉球国を解体しました。「暴動」とは、多数の者が結集して、暴行や脅迫を行うことであり、暴動は脅迫も含みます。1609年に島津藩は3000余の兵力を用いて、奄美諸島から沖縄諸島にかけて戦闘を行い、奄美諸島を琉球国から切り離してみずからの直轄領とし、琉球国から年貢の徴収を行いました。これも「琉球国における統治の基本秩序を破壊する暴動」であると言えます。

しかし日本政府はこの内乱罪によってみずからを裁こうとはしないでしょう。日本国の統治秩序は既成事実とされ、日本国のなかに琉球国を強制的に併合したことを問わないことが前提になっているからです。

琉球独立運動家のなかで、琉球を実力で占拠して独立を宣言しようと考えている人はいません。実際、米軍、自衛隊の基地が島の上に張り巡らされているなかで、武器を持たない住民が島を実力で支配できるわけがありません。内乱罪の主張は、琉球の実態を知らない人の言葉です。かつて琉球を武力を用いて占拠して、琉球国の基本秩序、政治体制を破壊したのは日本政府でした。

独立運動は外患誘致罪の対象になるのか

刑法第81条の「外患誘致罪」は、「外国と通謀して日本国に対し武力を行使させた者は、死刑に処する」という罪です。その他、第82条の「外患援助罪」、第87条の「外患誘致未遂罪・外患援助未遂罪」、第88条の「外患予備・陰謀罪」があります。

「外患」とは、「外国から侵略される恐れ」という意味です。外国と共謀して日本への侵略を誘発させることが罰の対象になります。これは先に述べた中国侵略説と関連しています。琉球独立を主張することは、中国を利するものであり、中国の琉球への侵略を呼び込むものであるとする仮説です。

しかし、琉球独立運動は、中国の政府、団体、個人などと共謀して日本や琉球にたいして武力を行使させようとしておらず、その援助を行ってもいません。琉球独立運動は、中国の支援下で展開されていません。中国による琉球侵略にたいして琉球の独立活動家は真っ先に反対するでしょう。つまり、琉球独立運動と中国の琉球侵略はイコール（＝）で結びつきません。琉球の独立は、「**琉球人の琉球人による琉球人のための独立**」という形で進められています。

琉球で戦争を再び起こさないことが、琉球が独立する目的の一つです。どのような形であれ琉球において戦闘行為が行われたら、沖縄戦のように琉球人が戦争に巻き込まれ、多大な犠牲が生じることは確かです。琉球独立が目指しているのは非武装中立の国です。他国軍と一緒に戦闘をすることは、その非武の思想に大きく反します。琉球独立運動は、インド独立運動の父、マハトマ・ガンジーが実践した「非暴力・非服従」の平和的手段によって進められるべき運動なのです。

内乱罪、外患誘致罪という非常に重い罪を持ち出し、それによって琉球独立運動を取り締まるべきだとする意見は、ヘイトスピーチと言われてもしかたがありません。

平和的な手段や思想に基づいた独立の運動や研究でさえ排除しようとする、キケンな社会的動きです。日本は世界的にも先進国として認められ、思想や表現の自由が保障されてきた国です。インターネットの普及にともない、一般民衆が自由に意見を表明し、交換して、より良い社会をつくろうとする世界的な潮流にたいして、日本のヘイトスピーチは逆行しています。日本と琉球との関係性を根本から考え直し、互いに平和で、誇りある発展の道を歩むためにも、日本人は琉球独立の声を真摯に受けとめるべきではないでしょうか。基地反対の声だけでなく、琉球独立の主張さえも無視し、威圧したのでは、琉球人はますます日本人とのあいだに大きな距離を感じてしまうでしょう。

なぜ辺野古新基地に反対するのか

沖縄島の名護市にあるキャンプ・シュワブ米軍基地のゲート前や、辺野古漁港の浜において基地反対運動が行われています。日本を含む世界から多くの人が駆けつけて、建設反対の意思を示しました。那覇や読谷《よみたん》などの各地から連日、貸し切りの大型バスに琉球の住民が乗車して辺野古にやってきます。

ゲート前での反対運動に私も参加したことがあります。住民の前には3つの人の壁がありました。まず民間の警備会社の社員が最前列に立ち、その後ろに沖縄県警の警察がおり、さらに後ろに日本政府の沖縄防衛局の職員が監視の目を光らせています。沖縄県警の警察官のほとんどは琉球人です。琉球人同士を対立、分裂させて、反対運動を弱めるという植民地主義を辺野古の現場で確認することができます。「分断して統治する」という植民地主義の方法は、イギリス、フランス、アメリカなどの欧米諸国が常套手段としたものです。そのやり方を今、日本がみずからの植民地である琉球にたいして適用しているのです。

辺野古の海でも住民がカヌーに乗って基地反対活動を連日のように行っています。その現場に、海上保安庁は巡視船を航行させ、カヌー上の住民を羽交《はが》い締《じ》めにしたり、カヌーに巡視船で突っ込んだり、カメラを取りあげ、海中に投棄し、ケガを負わすなどの暴力行為をしています。住民は平和的に反対運動をしているにもかかわらず、日本政府は暴力的に住民を排除しています。海上保安庁の職員によって暴力を受けた、ある青年がカヌーから砂浜のほうを見ると、米兵たちが笑い声をあげて楽しそうに泳いでいたそうです。日本政府が「安全」を理由にして守ろうとしているのは琉球人ではなく、米兵なのです。米兵は日本と琉球との対立にたいして高みの見物のように眺め、楽しんでいるかのようです。

２０１５年2月、基地ゲート前で沖縄平和運動センター議長の山城博治が米軍の警備員、県警によって拘束、逮捕されました。その理由は黄色い進入禁止ラインを越えたからというものでした。山城は、他の仲間がそのラインを越えないように、基地の外側に仲間を後退させようとしたのであり、基地内に「侵入」する意思をもってラインに足を踏み入れたのではありません。その後、「不当逮捕」であることが明らかになり、釈放されました。山城は常日頃、「手を自分の頭より上にあげるな、ガードマンや警察に拘束されたときには、抵抗するな」という注意を運動参加者に繰り返して伝えていました。

暴力を用いる相手にたいして非暴力で対応するという平和運動を琉球で初めて自覚的に行ったのは、阿波根昌鴻《あはごんしようこう》です。戦後、米軍が銃剣とブルドーザーで住民をその土地から追い出して軍事基地をつくりました。伊江島に住む阿波根も自分の土地を奪われた一人です。阿波根は、「伊江島土地を守る会」を立ち上げ、米兵による土地強奪を阻止し、その奪回を求め、軍事演習に反対する運動のリーダーになりました。米兵が武器を用いて住民を脅迫しても、「手を頭より上にあげるな」と住民に注意を促して、平和的な抵抗運動を生涯にわたって続けました。

なぜ琉球人は辺野古に新しい基地が建設されることに、これほど反対するのでしょうか。おおかたの日本人は、広大な米軍基地のなかのほんの一部ではないか、これくらいの小さな基地になぜ強く反対するのか分からないと思うでしょう。辺野古の新基地は普天間基地の代替施設と言われています。つまり本来は飛行場だけのはずですが、実際は、護岸、軍港、弾薬搭載区域も建設される予定です。新基地の運用年数は40年、耐用年数は200年とされています。はっきり言ってこれは「負担の軽減」ではなく「基地機能の強化」なのです。また少なくとも今後200年は基地を琉球に置き続けるという日米両政府の意図が透けて見える代物です。

琉球において珊瑚礁を埋め立てて基地をつくるのは今回が初めてです。琉球は珊瑚礁から生まれた島であり、島の住民も珊瑚礁、そのなかに棲息する海洋生物によって生活の糧《かて》を得ることができました。

例えば石垣島白保《しらほ》の人々は、村の前にある珊瑚礁（イノー）を「命湧く海」と呼んできました。飢饉《ききん》で陸地の作物がなくなっても、イノーに行けば食料を手にして、生きながらえることができたのです。主に男性はイノーの外側にある外洋に出て、危険を冒してマグロやカツオなどの大型魚をとりました。イノーでは干潮時に女性、子供、お年寄りが歩いて魚介類、海藻などを獲ることができます。食料庫としてだけでなく、祭祀を挙行したり、歌や踊りそしてバーベキューなどをして住民が楽しみ、交流する場所がイノーの浜や海なのです。

イノーを埋め立てることは、琉球という島の母体であり、住民の記憶、信仰、生活の場を破壊することを意味します。一度、自然が破壊されたら二度と再生できません。本来、辺野古の海は琉球人のものです。日米両政府のものではありません。日米両政府は、暴力を用いて琉球人から土地を奪い、今度はイノーを琉球人から奪おうとしています。自らの領土への侵害にたいして、琉球人は命をかけて「我々の共同の領域（コモンズ）」を守るという行動にでています。それは人間がもつ本能的な自治の精神の現れなのです。

琉球人のアイデンティティ形成において非常に重要な場所であるイノーがつぶされることは、自らの手足がもぎ取られることと一緒だと考える琉球人が少なくありません。自然の生き物とともに生きてきた琉球人の歴史、記憶、存在理由が否定されることなのです。琉球人の誇りをいたく傷つける行為です。みずからの存在をかけた闘いと言えます。近代化した日本人にとっては、珊瑚礁は遠浅であるがゆえに埋め立てコストが安くてすむ、経済的な場所でしかないのかもしれません。アメリカとの同盟関係を強化させる、つまり米政府の意向を満足させるための材料でしかないのかもしれません。しかし、琉球人はそのように考えていません。ここでも日本人と琉球人が異なる民族であることが明らかになるのです。

キャンプ・シュワブのゲートの前の道路上に引かれたイエローラインは、人為的なものです。もともと琉球人の土地を米軍が奪いとり、そして鉄のフェンスで囲み、入り口に侵入禁止の線を引いたのです。なぜ山城博治は、琉球人の土地に少し足を踏み入れただけで逮捕されなければならないのでしょうか。泥棒が人の家に立てこもって、元の持ち主が家に入ると、不法侵入であるとして逮捕されるという、違法なことが白昼堂々と琉球の地で行われています。

日米両政府による暴力に反対する琉球人の運動は一貫して平和的な手法や思想に基づいてきました。独立運動もこの琉球の伝統を踏まえながら行われており、これからも非武の運動を貫き、非武装中立の国をつくるのです。

第3節　法と人の合意による独立

日本政府は独立をどう考えているのか

1997年2月に上原康助衆議院議員は予算委員会において「琉球の独立」について次のように質問し、日本政府が回答しました。

上原委員　申し上げるまでもありませんが、琉球という国があったのは御承知のとおりです。小国ではありましたが、長い間、国王が君臨というか、国王をいただく王国である。万国津梁の銘文が琉球の位置づけを見事に刻んでいると私は思うのです。これを意訳すると、琉球国は南海の勝地、すぐれた土地にして、朝鮮のすぐれた文物を集め、中国や日本と密接なかかわりを持った独立国である。その二国間あるいは多国間にあって、わき出る蓬萊の島というふうにかつて琉球王国時代は言われたわけですね。蓬萊圏構想、まことに結構であります。蓬萊とは、東方にあって、仙人が住み、不老不死の島の意味だそうであります。

こういう非常に輝かしいというか、歴史を持つ琉球国であったわけですが、一八五三年のペリー提督の来琉ですね、あるいは一八七九年、明治十二年の琉球処分、廃藩置県、こういう過去を経て琉球は日本に併合されてきたことは御承知のとおりであります。（中略）もし沖縄が独立をするという場合、どういう法的措置が必要なのか、冒頭、法制局長官と、関連して自治大臣に聞いておきたいと思います。

大森（政）政府委員　（中略）ただいま御指摘になりました独立という言葉は、法律的に申しますと、我が国の憲法を初めとする法体系が排除される、現在の憲法秩序とは相入れない事態になる。言葉をかえますと、独立というのは一国の主権、領土から離脱するということでございまして、現行憲法はそれに関する規定を設けておりません。したがいまして、言葉をかえますと、そのようなことを想定していない。言葉をかえますと、現行憲法下では適法にそのような行為はできないのではなかろうかというふうに考える次第でございます。

上原委員　まあ、型どおりというか、そうしか法制局長官は言えないでしょうね。それをなぜ冒頭聞いたかということは、後ほどの質問に関連しますので、これ以上は聞いておくだけにいたしますけれども、しかし、憲法はやはり国民の、もちろん国家主権の問題は第一義かもしれませんが、国民の人権とか生命とか安全とか財産というものを保障し、それを通して国民の福祉向上が図られるということが大事だと思うんです。復帰してもそういう状態にならないとしておるから独立論もあるわけで、政治論として、私は今の法制局長官の御答弁ではいかがかと思うんです。

同時に、もう一つ聞いておきますが、仮に、じゃ沖縄県民が、もうやっぱりこう国策で犠牲にされては困る、主体的立場で自分たちの方向というか、政治とか行政とか沖縄の将来は決めていきたい、そういう面で自主的にこの間の県民投票のように条例をつくってやれば、それは不可能ではないですね。どうですか。

大森（政）政府委員　ただいま現行憲法のもとでは合法的に独立という行為は不可

能ではないかと申しましたのは、ただいま委員お尋ねの、沖縄県におきまして条例等自主立法を行っても、現行憲法下では独立という効果は生じないということであろうと思います。（第140回国会衆議院予算委員会議録第12号、1997年2月13日）

内閣法制局長官の回答をまとめると、日本国憲法には独立に関する条項がなく合法的に独立はできない、そして沖縄県条例で定めた、独立を問う住民投票において独立支持が過半数を占めたとしても琉球独立は無効であるというものです。つまり憲法に基づかない独立は違法であるとの意見です。なお上原は自治大臣にたいしても琉球独立の質問をしていますが、会議録によると大臣からの回答はありませんでした。

琉球独立に反対する人も、「日本国憲法に独立の規定がないから琉球は独立できない」と指摘することがあります。もしこの論理が正当化されるなら、世界でこれほど多くの国が誕生した理由を説明できません。戦後、世界では多くの国が誕生しましたが、そのほとんどは統治国の憲法つまり国内法にしたがって独立に移行したのではありません。国連憲章、植民地独立付与宣言、国際人権規約などの国際法に基づき、国連の支援をえながら、またはその監視下で住民投票を行って独立したのです。統治国が認めなければ独立できないというのは、世界からみたら非常識なのです。

基本的に統治国はみずからの領土である植民地が離れて、新たな国になることを認めないでしょう。しかしこのような統治国の論理がまかり通ったら、植民地の人々は永遠に従属的な生き方を強いられることになります。そうならないようにするために、国連ができて、「民族の自己決定権」を保障する国際法を定めて、国連の責任で独立をうながすようになったのです。

内閣法制局長官の見解は、琉球独立を阻止して、米軍基地をこれからも押し付けたい日本政府の本音だと言えます。

国際法、国連、世界の国々の支援に基づいて独立する

独立は法的にも可能です。その法とは国際法です。国際法の基本法とも言える国連憲章、国際人権規約の最初に明記されているのが、「民族の自己決定権」の保障です。国連憲章の大前提が民族の自己決定権なのです。それが国連の加盟国が増えた一番の要因になりました。つまりナショナリズムの高揚が、国連加盟国が増大した背景にあります。自己決定権には、内的自己決定権と外的自己決定権があります。それは自治権と独立する権利と言い換えてもいいでしょう。琉球人はその両方の自己決定権を行使して、日本から独立し、国を自分の力で治めることができるのです。

民族の自己決定権行使によって目指す政治形態には、完全独立、自由連合国、自治州などがあります。これまで人類が最も多く採用したのは完全独立です。完全独立によって人類はみずからの意思にそって政治や経済、そして文化活動を自由に行うことが可能になります。

主権には国家主権と人民主権があります。現在の日本政府は前者の完全な実現を目指しているようです。国や中央政府が日本の方向性を決めるというものです。人民主権とは国民に主権があり、国民の自由や平等を実現するために国民がつくった憲法によって政府の暴走をくい止めるところに特徴があります。国家とは国民によって組織されたものであり、国民つまり人民こそが決定権を握るべきではないでしょうか。独立運動を通じて自己決定権を行使し、国をつくることは国際法で保障されており、他の人類も同様な理論と方法によって独立を成し遂げました。

具体的には国連の各種委員会や国際会議への参加、報告、ロビー活動によって琉球独立を支援する国際的なネットワークを構築するとともに、住民投票の実現を目指した琉球内における世論の形成が必要になります。国連加盟国、つまり世界の大半の国々も、琉球のように平和を希求する国が国際社会に参加することを歓迎するでしょう。なぜなら国連は平和を創出するための機関であり、人類は戦争状態を望まないからです。東アジアにおける緊張の火種となっている尖閣諸島問題にたいして、琉球はノルウェーのように平和的解決の交渉の場を提供するでしょう。小国が果たす平和創出の重要性が世界的に注目されています。

米ソの対立が激しかった1955年にアジア・アフリカ会議（バンドン会議）が、インドのネルー首相、インドネシアのスカルノ大統領、中国の周恩来首相が中心になって開催されました。アメリカ、ソ連のいずれにも属さない国々が集まり、「反帝国主義、反植民地主義、民族自決の精神」の基本理念を訴え、「世界平和と協力の推進に関する宣言」（バンドン十原則、平和十原則）が採択され、その後の世界の民族解放運動に影響を与えました。

2005年にアジア・アフリカ首脳会議が開かれ、4年に1度首脳会談、2年に1度閣僚級会議を開催することを決めました。バンドン会議の時の参加国は29ヵ国でしたが、106ヵ国に増加しました。1961年に非同盟諸国首脳会議が開かれましたが、2011年の時点でその参加国は120ヵ国になりました。首脳会議のほかに、非同盟諸国外相会議、常設の非同盟諸国常任委員会があります。このような世界的な脱植民地化のための組織が設立され、小国の独立を互いに保障し合い、植民地が独立するのを支援してきました。

2015年4月にバンドン会議の60周年記念首脳会議がインドネシアで開催されました。同会議において採択された3文書のなかには、「南南協力」の推進、「あらゆる形態のテロ行為」の非難とともに、パレスチナ国家の樹立を支持する宣言が含まれました。

1879年の琉球併合は、「全ての国の主権と領土保全を尊重する」「全ての人類の平等と大小全ての国の平等を承認する」「他国の内政に干渉しない」「侵略または侵略の脅威・武力行使によって、他国の領土保全や政治的独立をおかさない」等を掲げた「バンドン十原則」という国際法に照らしても違法であることが分かります。琉球はアジア・アフリカ首脳会議、非同盟諸国首脳会議などに琉球併合過程の違法性を訴え、独立への支持を求めることができます。仏領ポリネシアが国連脱植民地化特別委員会の「非自治地域」のリストに登録される過程で、非同盟諸国首脳会議が協力しました。

戦後、米政府は、琉球を国連の非自治地域リストに登録するという、統治国としての義務がありましたが、それをせずに軍事専制支配を続けました。これは国際法違反の行為です。また1972年に琉球は沖縄県として日本の一部になりました。しかし、これは日米両政府だけが話し合い、沖縄返還協定という条約を締結して決めたものでしかありません。本来なら、琉球人が住民投票をして、みずからの政治的地位を決める機会が与えられるべきでした。これも国際法違反です。琉球併合も琉球の人々の同意を得たものでないことは言うまでもありません。

つまり、これまで世界の植民地で行われてきたように、住民投票を通じて民衆の合意を得るという正式な手続きが琉球ではなされなかったのです。琉球の政治的地位が他者によって一方的に決定されてきました。国連監視下の住民投票で独立支持が大勢を占め、独立を宣言して、世界の国々から国家承認を得ることができたら、新たな国の誕生となります。つまり自己宣言と他者承認で世界を構成する国の一つになれるのです。

日本を除く世界各国には約39万人（2010年推計値）の「世界のウチナーンチュ」と呼ばれる琉球人が住んでいます。琉球諸語を話し、琉球の三線《さんしん》・踊り・唄を習得し、互いに助け合う「県人会」を組織して琉球人アイデンティティを保持しています。5年に1度、琉球において「世界のウチナーンチュ大会」が開催され、世界の琉球人が「生まれ島」に集まり、琉球人同士が交流しており、これは「民族の祭典」と呼ぶべきものです。またWUB：Worldwide Uchinanchu Business Association：

（世界うちなーんちゅビジネスアソシエーション）という世界のウチナーンチュが経済的に互いに連係し合う組織も活動しています。琉球が独立する際には、世界のウチナーンチュが住むそれぞれの国の政府や国民に琉球の独立を訴え、琉球国の国家承認を働きかけるでしょう。

しかし、現在、琉球独立を問う住民投票を行っても独立を支持する人が過半数を占める状況ではありません。２００５年に実施された琉球人の意識調査を紹介します。「琉球は独立すべき」と答えた人は全回答者のなかで25％でした。独立に反対する人で「自立能力の不備」をあげた人は28％に及びました。（林泉忠連載第4回、「辺境東アジア――躍動するアイデンティティー」『沖縄タイムス』２００６年1月10日付）

琉球が経済自立を達成する見込みが現実のものになったら、半数以上の人が独立を支持すると考えられます。しかし、琉球人の４人のうち3人は独立を支持していないのが現実です。基地が押し付けられ、植民地経済が進んでいるのに、なぜ独立を望んでいない人が多いのでしょうか。その理由はいくつかあります。前章で述べた日琉同祖論が、琉球人の精神を縛り、日本との関係が唯一のものだという思考停止状態をつくりだしています。また、これまでの独立論が具体的、客観的、国際的ではなく、独立にいたる過程や独立後の将来像も明確でなく、政治的選択肢として独立が現実性を持ちえないという問題もありました。

これらの問題を克服するために私は2012年以来、独立に関する著作を世に問い、独立を学問的に検討し、議論を活発にしようとしました。2013年には琉球民族独立総合研究学会を仲間とともに設立し、2015年4月時点で約300人の琉球人が加入するようになりました。

近年、琉球ナショナリズム、独立についての議論、運動、研究が琉球のマスコミ、SNSそして琉球民族独立総合研究学会などを通じて広く共有されつつあります。つまり独立論が一部の人の議論にとどまらず、民衆化しているのです。「自分達で国をつくらなければ、基地はなくならない」と琉球人は思うようになっています。

独立によって自分自身の土地を侵略者や占領者から解放することはテロリズムではありません。イギリスから独立したアメリカの独立運動がテロでないことは明白です。日本から独立する琉球の独立運動も、アメリカの場合と同じく正当な要求なのです。

独立の根拠となる国際法

琉球が独立するための法律上の根拠としては、「民族の自己決定権」を明記している国連憲章、国際人権規約、植民地独立付与宣言などがあります。詳しくは私の『琉球独立への道』(法律文化社)をお読み下さい。それに加えて、次のような国際法も琉球が独立するにあたって活用できます。

❶「条約法に関するウィーン条約(条約法条約)」—(松井芳郎編集代表『ベーシック条約集(２０１０年版)』東信堂、２０１０年　以下同じ)

第51条「(国の代表者に対する強制)条約に拘束されることについての国の同意の表明は、当該国の代表者に対する行為又は脅迫による強制の結果行われたものである場合には、いかなる法的効果も有しない」

第52条「(武力による威嚇《いかく》又は武力の行使による国に対する強制)国際連合憲章に規定する国際法の諸原則に違反する武力による威嚇又は武力の行使の結果締結された条約は、無効である」

この国際法は日本の国会でも承認され、１９８１年に効力が発生しました。琉球併合の過程において、琉球国王にたいする脅迫、強制、武力による威嚇がありました。琉球併合は違法であり、無効です。琉球併合が国際法違反であれば、琉球が日本の一部であるという法的根拠がゆらぎます。琉球人は改めてみずからの政治的地位を住民投票によって決めることができます。

この国際法を過去の琉球併合に適用することはできないという批判があります。しかし、国の代表者への脅迫、武力による威嚇によって琉球併合がなされたことは事実であり、国際法では、このような国際関係を違法であると認識しているということが重要です。琉球国と日本国との二国間関係から琉球併合にいたる過程を国際法の視点から位置付け、世界の人々にたいして琉球併合の違法性を訴える際に、この法律は有効であると考えます。

❷「大西洋憲章」

「第一に、両者の国は、領土的たるとその他たるとを問わず、いかなる拡大も求めない。

第二に、両者は、関係人民の自由に表明する願望に合致しない領土的変更を欲しない。

第三に、両者は、すべての人民に対して、彼らがその下で生活する政体を選択する権利を尊重する。両者は、主権及び自治を強奪された者にそれらが回復されることを希望する」

これは１９４１年にアメリカ大統領のルーズヴェルトとイギリス首相のチャーチルが戦後の世界秩序形成に関する両国の立場を共同で発表したものです。アメリカは大西洋憲章で宣言したにもかかわらず、沖縄戦後、琉球をそのまま占領して「関係人民の自由に表明する願望に合致しない領土的変更」をしました。「主権及び自治を強奪された者にそれらが回復されることを希望する」と明記している同憲章に従えば、アメリカやイギリスは琉球の主権回復運動にたいして真っ先に支援すべきなのです。

❸「カイロ宣言」

「同盟国は、自国のためには利得も求めず、また領土拡張の念も有しない。同盟国の目的は、１９１４年の第一次世界戦争の開始以後に日本国が奪取し又は占領した太平洋におけるすべての島を日本国から、はく奪すること、並びに満州、台湾及び澎湖島のような日本国が清国人から盗取したすべての地域を中華民国に返還することにある。

日本国は、また、暴力及び強欲により日本国が略取した他のすべての地域から駆逐《くちく》される」

これは１９４３年にルーズヴェルト、蔣介石、チャーチルが発表しました。「同盟国は、自国のためには利得も求めず、また領土拡張の念も有しない」と明記されており、戦後の米軍による琉球統治はカイロ宣言違反となります。また「日本国が略取した他のすべての地域から駆逐される」のなかの「他のすべての地域」に琉球は該当しており、カイロ宣言に従って琉球から日本は「駆逐される」べきなのです。

❹「ポツダム宣言」

「8　カイロ宣言の条項は、履行せらるべく、又日本国の主権は、本州、北海道、九州及び四国並に吾等の決定する諸小島に局限せらるべし」

これは1945年に日本にたいして無条件降伏を突きつけた国際法であり、戦争に敗れた日本はポツダム宣言のすべての条項に従うことが義務付けられました。日本の主権は「本州、北海道、九州及び四国並に吾等の決定する諸小島」に限定されています。琉球は含まれておらず、琉球が日本の一部になっている現状はポツダム宣言違反だと言えます。

❺「サンフランシスコ講和条約」

第3条「日本国は、北緯29度以南の南西諸島（琉球諸島及び大東諸島を含む。）、孀婦岩の南の南方諸島（小笠原群島、西之島及び火山列島を含む。）並びに沖の鳥島及び南鳥島を合衆国を唯一の施政権者とする信託統治制度の下におくこととする国際連合に対する合衆国のいかなる提案にも同意する。このような提案が行われ且つ可決されるまで、合衆国は、領水を含むこれらの諸島の領域及び住民に対して、行政、立法及び司法上の権力の全部及び一部を行使する権利を有するものとする」

この条文にしたがって戦後の琉球の政治的地位が決定されました。同条項により琉球にたいする「行政、立法及び司法上の権力」をアメリカが行使することになったのです。ポツダム宣言に記載された「吾等の決定する諸小島」に琉球は含まれないことが明らかになりました。

琉球は将来、信託統治領になるはずでしたが、そうならずに米軍統治下に置かれ続けました。もしも琉球が信託統治領になっていたら、アメリカの信託統治領になったミクロネシアの島々のように、国連の信託統治理事会による監視を受け、国連のプロセスに基づいた住民投票によって、完全独立国、自由連合国、その他の政治的地位をみずからで決定することができたはずです。琉球を信託統治領にしなかったことも国際法違反として主張できます。

❻「沖縄返還協定」

第1条1「［施政権の返還］アメリカ合衆国は、2に定義する琉球諸島及び大東諸島に関し、1951年9月8日にサン・フランシスコ市で署名された日本国との平和条約第3条の規定に基づくすべての権利及び利益を、この協定の効力発生の日から日本国のために放棄する。日本国は、同日に、これらの諸島の領域及び住民に対する行政、立法及び司法上のすべての権力を行使するための完全な権能及び責任を引き受ける」

これによって沖縄県という現在の琉球の政治的地位が確定しました。各種の公文書や当時の外務省官僚の証言で明らかになったように、有事の際の米軍による核兵器持ち込み、軍用地の原状回復費の日本政府による肩代わりなど、日米両政府は「密約」をして、協定条文の記載内容と異なることをしました。

沖縄返還協定には右の条文のように、アメリカから日本への、琉球にたいする「施政権の返還」が明記されていました。しかし領土権または主権についての記述がありません。日本政府はサンフランシスコ講和条約後から「潜在主権」を持っており、それが1972年を期にして「潜在」がとれて「主権」を有するようになったと主張するかもしれません。しかし、そのようなことを示す記載がこの協定にはないのです。

後で述べるように、「潜在主権」は実体のない概念であり、琉球人にとっては意味のない言葉でしかありません。

世界の他の植民地の人々は、支配と抑圧から解放されるために、国際法に基づいて「民族の自己決定権」を行使して、国連の協力をえながら住民投票を行い、独立を宣言し、他国の承認をもらうという、一連のプロセスを経てきました。琉球にはそのような機会も与えられませんでした。これは重大な国際法違反です。

国際社会のなかで「復帰」に明確に反対したのは台湾つまり中華民国の政府です。アメリカから日本に施政権が移動したことを全ての国際社会が認めたわけではないのです。この協定自体も密約に基づき、当事者である琉球政府抜きで日米両政府だけで締結しており、法的にも欠陥があります。「沖縄県」という政治的地位は、法的にも、国際社会からの認知という点でも確定しておらず、琉球人は新たな政治的ステータスを決定することができます。

琉球併合に清国政府は強く反対しており、その時の「沖縄県」も国際的な承認がえられた政治的地位ではありませんでした。日本政府が琉球を「暴力及び強欲により略取した」のですから、国際的に認められるわけがありません。

以上のような国際法に違反して日米両政府は琉球を植民地支配してきたのです。国際法違反を盾にして、琉球は独立を主張し、国連、国際機関に訴えることができます。

アジアの新たな国際関係を活用する

なぜ1972年に、敗戦国であった日本に琉球の施政権が「返還」されたのでしょうか。東西冷戦により、中国、北朝鮮、東南アジア諸国において社会主義勢力が台頭し、日本をこれらの勢力にたいする防波堤にしようとアメリカが考えたからに他なりません。また朝鮮戦争、ベトナム戦争、中国の文化大革命、中国と台湾の対立など、アジアの国々が混乱し、国力が弱く、琉球における米軍統治、日本への施政権の「返還」に関して強く抗議することができませんでした。

しかし現在、アジアをとりまく情勢は大きく変化しました。東西冷戦は終了し、アジア諸国は世界経済をひっぱるほど大きく発展しており、国際的な発言力や影響力を持つようになりました。

琉球は東アジアのセンターに位置しており、その発展の潜在力はかねてから指摘されてきました。しかし、日本の南の辺境として画一的な法制度が適用され、日本の官僚が策定した「貧しい政策」により発展の芽がつみ取られてきました。今、琉球は、「日本との一体化、格差是正」から「アジアとの連携強化」に軸足を移そうとしています。世界的に成長するアジアとの経済関係を深めたほうが、琉球が将来、経済自立できる可能性が広がることは明らかです。１９７０年代まで琉球よりも「経済レベルが低い」と思われた台湾や中国のほうが、はるかに力強く経済成長するようになりました。

私は幼いころ、石垣島に仕事を求めてやってきた台湾人を見たことがあります。パイナップル工場で働くためにわざわざ琉球まで来ていたのです。今では考えられないことです。

また琉球の現在の政治的地位に関する「再定義」のための研究や議論をしようとするアジアの研究者も増えてきました。私も台湾大学、北京大学で開かれた国際学術会議に参加したことがあります。台湾人や中国人の研究者が日本や欧米諸国での研究留学の経験をいかして、冷静で客観的な姿勢で琉球の政治的地位について歴史学、国際法学、国際関係学などの観点から学際的に議論していたのが印象的でした。

冷戦時代、東アジアにおいてアメリカの重要な同盟国は日本、韓国、台湾などでした。しかし今、中国は世界第2位の経済大国になり、世界的にも大きな影響力を及ぼす大国になりました。アメリカもかつてのように中国と敵対ばかりしていては国益を損なうため、「競争しながら協力する」という関係の構築を目指しているようです。

今の琉球では「イデオロギーよりもアイデンティティ」という言葉が社会を映し出すキーワードになっていますが、アジアでも同じです。冷戦時代は終わり、それまでのように特定のイデオロギーでアジアの民族、国家、地域を分断させ、対立させる時代は過ぎ去りました。イデオロギーではなく、歴史や文化の独自性にこだわり、「誇りある豊かさ」を求める国、地域、人による交流がアジアの経済発展と平和をもたらすのです。

第4節　世界の小国から学ぶ

琉球も小国になる

世界における小国の誕生は近代国民国家が変容していることを示しています。18～19世紀以降、世界中に領土を拡大し、植民地を基盤にした近代国民国家が欧米地域において形成されました。国連が設置されてからも、戦前は委任統治領、戦後は信託統治領という形で植民地が存在していました。しかし現在、まだ「非自治地域」という植民地は残っていますが、１９９４年のパラオ独立により世界から信託統治領が消えました。

日本も近代国民国家になる過程で、北海道、小笠原諸島、琉球を自国の領土内に囲い込み、新たな国境線を引きました。さらに朝鮮、台湾、ミクロネシア諸島、中国東北部などを植民地として保有する近代国民国家になりました。

ほとんどの小国は、近代国民国家のように新たな領土獲得を目指していません。自国の領土、国民の平和と発展を求めています。

１９３の国連加盟国のうち、琉球より多少人口が多いか、または少ない独立国は59ヵ国あります。これらの国の独立年、主要言語、面積、人口、通貨単位（２０１５年現在）を次の表で示しました。琉球（沖縄県）の面積は２２７６㎢、人口は約１４３万人（２０１５年３月現在）ですが、比較してみてください。琉球と同じく島嶼からなる国には下線を引きましたが、その数は33ヵ国です。

国名	独立年	主要言語	面積	人口	通貨単位
中東地域					
バーレーン王国	1971年	アラビア語	800㎢	120万人	バーレーン・ディナール
カタール国	1971年	アラビア語	11,000㎢	230万人	カタール・リヤル
アジア地域					
東ティモール民主共和国	2002年	テトゥン語、ポルトガル語、インドネシア語、英語	15,000㎢	110万人	米ドル
モルディブ共和国	1965年	ディベヒ語	300㎢	30万人	ルフィア
ブータン王国	1907年	ゾンカ語	38,000㎢	70万人	ニュルタム
ブルネイ・ダルサラーム国	1984年	マレー語、英語	6,000㎢	40万人	ブルネイ・ドル
太平洋地域					
キリバス共和国	1979年	キリバス語、英語	700㎢	10万人	オーストラリア・ドル
クック諸島	1965年	クック諸島マオリ語、英語	200㎢	2万人	ニュージーランド・ドル
サモア独立国	1962年	サモア語、英語	3,000㎢	20万人	サモア・タラ
ソロモン諸島	1978年	ピジン語、英語	29,000㎢	60万人	ソロモン・ドル
ツバル	1978年	ツバル語、英語	30㎢	1万人	オーストラリア・ドル
トンガ王国	1970年	トンガ語、英語	700㎢	10万人	パ・アンガ
ナウル共和国	1968年	ナウル語、英語	20㎢	1万人	オーストラリア・ドル
バヌアツ共和国	1980年	ビスラマ語、英語、仏語	12,000㎢	30万人	バツ
パラオ共和国	1994年	パラオ語、英語	500㎢	2万人	米ドル
フィジー共和国	1970年	フィジー語、ヒンディー語、英語	18,000㎢	90万人	フィジードル

国名	独立年	主要言語	面積	人口	通貨単位
マーシャル諸島共和国	1986年	マーシャル語、英語	200㎢	5万人	米ドル
ミクロネシア連邦	1986年	英語、ヤップ語、チューク語、ポンペイ語、コスラエ語など	700㎢	10万人	米ドル
欧州地域					
アイスランド共和国	1944年	アイスランド語	103,000㎢	30万人	アイスランドクローナ
アンドラ公国	1993年	カタルニア語、仏語、スペイン語、ポルトガル語	500㎢	8万人	ユーロ
エストニア共和国	1991年	エストニア語	45,000㎢	130万人	ユーロ
キプロス共和国	1960年	ギリシャ語、トルコ語	9,000㎢	90万人	ユーロ
コソボ共和国	2008年	アルバニア語、セルビア語	11,000㎢	180万人	ユーロ
サンマリノ共和国	301年	イタリア語	60㎢	3万人	ユーロ
スロベニア共和国	1991年	スロベニア語	23,000㎢	210万人	ユーロ
バチカン市国	1929年	ラテン語、仏語、イタリア語	0.44㎢	800人	ユーロ
マケドニア旧ユーゴスラビア共和国	1991年	マケドニア語、アルバニア語	26,000㎢	210万人	マケドニア・デナル
マルタ共和国	1964年	マルタ語、英語	300㎢	40万人	ユーロ
モナコ公国	1861年	仏語	2㎢	4万人	ユーロ
モンテネグロ	2006年	モンテネグロ語、セルビア語、ボスニア語	14,000㎢	60万人	ユーロ
ラトビア共和国	1991年	ラトビア語	65,000㎢	220万人	ユーロ
リヒテンシュタイン公国	1806年	独語	200㎢	4万人	スイスフラン

国名	独立年	主要言語	面積	人口	通貨単位
ルクセンブルク大公国	1815年	ルクセンブルク語、仏語、独語	3,000㎢	50万人	ユーロ
アフリカ地域					
カーボヴェルデ共和国	1975年	ポルトガル語、クレオール語	4,000㎢	50万人	カーボヴェルデ・エスクード
ガボン共和国	1960年	仏語	268,000㎢	170万人	CFA(アフリカ金融共同体)フラン
ガンビア共和国	1965年	英語、マンディンゴ語、ウォロフ語	11,000㎢	200万人	ダラシ
ギニアビサウ共和国	1973年	ポルトガル語	36,000㎢	170万人	CFAフラン
コモロ連合	1975年	仏語、アラビア語、コモロ語	2,000㎢	70万人	コモロ・フラン
サントメ・プリンシペ民主共和国	1975年	ポルトガル語	1,000㎢	20万人	ドブラ
ジブチ共和国	1977年	アラビア語、仏語	23,000㎢	90万人	ジブチ・フラン
スワジランド王国	1968年	英語、シスワティ語	17,000㎢	120万人	リランゲーニ
赤道ギニア共和国	1968年	スペイン語、仏語、ブビ語、ファン語	28,000㎢	70万人	CFAフラン
セーシェル共和国	1976年	英語、仏語、クレオール語	500㎢	9万人	セーシェル・ルピー
ナミビア共和国	1990年	英語、アフリカーンス語、独語	824,000㎢	230万人	ナミビア・ドル
ボツワナ共和国	1966年	英語、ツワナ語	567,000㎢	200万人	プラ
モーリシャス共和国	1968年	英語、仏語、クレオール語	2,000㎢	130万人	モーリシャス・ルピー
レソト王国	1966年	英語、ソト語	30,000㎢	210万人	ロチ

国名	独立年	主要言語	面積	人口	通貨単位
カリブ海地域					
アンティグア・バーブーダ	1981年	英語	400㎢	9万人	EC(東カリブ)ドル
ガイアナ共和国	1966年	英語、クレオール語	215,000㎢	80万人	ガイアナ・ドル
グレナダ	1974年	英語、仏語系パトワ語	300㎢	10万人	ECドル
スリナム共和国	1975年	オランダ語、スリナム語、英語、(ヒンディー語、インドネシア語、中国語)	164,000㎢	50万人	スリナム・ドル
セントクリストファー・ネーヴィス	1983年	英語	300㎢	5万人	ECドル
セントビンセント及びグレナディーン諸島	1979年	英語、仏語系パトワ語	400㎢	10万人	ECドル
セントルシア	1979年	英語、仏語系パトワ語	500㎢	20万人	ECドル
ドミニカ国	1978年	英語、仏語系パトワ語	800㎢	7万人	ECドル
トリニダード・トバゴ共和国	1962年	英語、ヒンズー語、仏語、スペイン語	5,000㎢	140万人	トリニダード・トバゴ・ドル
バハマ国	1973年	英語	14,000㎢	40万人	バハマ・ドル
バルバドス	1966年	英語	400㎢	30万人	バルバドス・ドル
ベリーズ	1981年	英語、スペイン語、クレオール語、マヤ語、ガリフナ語など	23,000㎢	30万人	ベリーズ・ドル

外務省ホームページ「世界の国々」(2015年現在)に基づき、著者が適宜加筆して作成。(http://www.mofa.go.jp/mofaj/kids/ichiran/)

国家というと難しく考えがちですが、実際は私たちの県のみならず、市町村よりも人口が少ない国がたくさんあります。ですから、琉球が独立しても世界の人々は奇異には感じないと思います。

先の表からいくつかのことが分かります。小国でも独自の貨幣を持っている国が多い。カリブ海地域ではユーロのような共通通貨として「ECドル」が利用され、地域統合が進んでいる。自分たちの言葉とともに、旧植民地時代の言語も使っている国が多い。近代国民国家の発祥の地である欧州において小国が多い。

琉球の歴史はこれまで日本史の一部として教えられてきました。しかしこれから琉球の独立運動がさらに本格化するなかで、先のような小国の歴史、そしてなぜ、どのように独立をし、独立後どのように国家を運営してきたのかという、「小国の世界史」への関心が高まるのではないでしょうか。近年も、欧米諸国と琉球との修好条約に注目が集まっているように、世界史のなかに琉球を位置付けてものごとを考える傾向が顕著になってきました。

先の表を見ていると、琉球も十分独立できると、心強くなります。世界の人々にできて琉球人にできないことはありません。まして琉球はかつて国であったのですから、将来の独立は「復国」という形になるでしょう。ただし王制ではなく共和制という新たな衣を着てです。北山国、中山国、南山国が統一されて琉球国になった142 9年を第一の独立年にすることができます。将来、先のリストに琉球国を追加するとき、次のような記載になるかもしれません。

「琉球連邦共和国、1429年および20XX年、琉球諸語、日本語、英語など、2276㎢、150万人、アジア共通通貨」

小国はどのように独立したか

1945年の時点で国連に加盟していた島嶼国は、キューバ、ハイチ、ドミニカなどでした。その後、島嶼地域が続々と独立を果たし、島嶼国の国連加盟数が増加しました。1960年から1962年のあいだに加盟した3島嶼国の平均人口は約130万人ですが、1964年から1973年のあいだに加盟した7島嶼国の平均人口は約43万人でしかありません。さらに1974年から1983年のあいだに加盟した13島嶼国の平均人口は約15万人とさらに国の規模が小さくなりました。1994年にアメリカの戦略的信託統治領から独立し、国連に加盟したパラオ共和国の人口は当時、約1万5000人です。

1960年に植民地独立付与宣言が発せられ、アジア・アフリカの植民地が独立することもない、人口が少ない島嶼国も国連への加盟が認められるようになりました。世界の植民地問題の解決を目指し、多くの独立を促してきた国連組織が、国連脱植民地化特別委員会（C－24）です。C－24は1961年に国連総会によって設立されました。C－24は、植民地独立付与宣言の実施過程を見守り、その適用に関して関係国に勧告をし、「非自治地域」（植民地）の独立を支援してきました。植民地の独立を実現させることは国連の責務とされたのです。

現在の「非自治地域」は次の17地域です。西サハラ、アンギラ、バミューダ、英領バージン諸島、ケイマン諸島、フォークランド諸島（マルヴィナス）、モントセラト、セントヘレナ、タークス・カイコス諸島、米領バージン諸島、ジブラルタル、米領サモア、グアム、ニューカレドニア、ピトケアン諸島、トケラウ、仏領ポリネシア。琉球と同じような小さな島々が多いことが分かります。

2013年に仏領ポリネシアが「非自治地域」に登録された時のように、琉球もアジア・アフリカ首脳会議、非同盟諸国首脳会議などの支援をえながら、国連の脱植民地化のプロセスに入り、独立の道を歩むことができます。独立後は、国連、ASEAN、太平洋諸島フォーラム、APEC、IMF、世界銀行、アジア開発銀行、アジアインフラ投資銀行などの国際機関に加盟して、世界の国々と協力しながら小国としての平和と発展を実現します。

国際法のモンテビデオ条約によると、国家の要件として❶永久的住民、❷明確な領域、❸政府、❹他国との関係を取り結ぶ能力、があります。琉球はかつて琉球国として存在し、王府という政府があり、国家として外交権を行使して、貿易を行うとともに、欧米諸国と修好条約を締結しました。また戦後、米軍統治時代にも、住民主体の琉球政府があり、米軍政府の抑圧を受けながらも、独自な政府を運営したという経験があります。王国時代にも琉球人という「国民」がおり、王府によって国の地図が作成され領域も明確でした。過去に国家の要件を満たしていた琉球は、将来、独立する際にこれらの経験、記憶、手法などを活かすことができます。

「国家として独立するかどうかに関して、宗主国には決定権がない」というのが世界の常識です。東ティモールも1999年に国連が実施した住民投票において独立が決定しました。太平洋にある、人口約1万人のエリス諸島も1974年に住民投票が実施され、分離独立派が90%以上を占めたため、ツバルとして独立しました。国際法で保障された民族の自己決定権の具体的な行使方法は「独立を問う住民投票」です。

世界の他の島や地域が独立できて、琉球ができないという理由は全くありません。またこれまで植民地が国になった後、国から植民地に戻ったという例もほとんどありません。国になったほうが、自分の頭で考え、政策をみずからの責任で実行でき、経済発展、平和の実現のうえでも有効であることが世界の実例からも分かります。

琉球が「復帰」した後に独立した国も少なくありません。独立は過去の問題ではなく、スコットランドやカタルーニャのように今なお議論され、住民投票が行われており、独立は21世紀の現在でも合理的で、効果的な政治的プロセスなのです。カリブ海地域に多くの植民地を有していたイギリスは、当初、「西インド諸島連邦」という名前で島々が統合して独立して欲しかったようです。しかしそのようにはならず、小さな島嶼国が数多く生まれました。太平洋地域でも、イギリスは「ギルバート・エリス諸島民連合」として、両島の連合国家を提案しましたが、それぞれキリバス、ツバルとして独立しました。

アメリカも、太平洋にある自国の戦略的信託統治領を「ミクロネシア連邦」として独立することを求めました。しかし、島の人々が選んだのは自分達のアイデンティティを単位とした独立であり、パラオ、ミクロネシア連邦、マーシャル諸島という別個の国が誕生しました。多様な価値観を認め、人々のアイデンティティを優先するという世界的潮流が、小国の誕生を促してきました。このような世界的な大きな政治の流れのなかで、琉球の独立だけを押しとどめようとしても、それは無理なのです。

小国のなかには、旧宗主国の言葉を公用語の一つにし、旧宗主国の通貨を自国通貨にしている国々があります。琉球でも現在使われている日本語を公用語の一つとし、日本円を通貨にするという選択もありえます。独立したからといって日本から完全に切り離されるわけではありません。高校野球も、琉球国に特別枠が与えられ、琉球人高校生も参加できるのではないでしょうか。もしそれができなかったら、アジア版高校野球を琉球が開催して、アジア各地の若者の交流を野球を通して深める方法を模索してもいいかもしれません。

人口が1万人程度でも独立した地域があります。独立を妨げる条件はほとんどなく、自分たちが歴史をつくる主体であるという自覚を持った人が人口の過半数以上を占めれば独立できます。日本、アメリカ、中国などの大国によって左右され、支配された歴史を嘆き悲しむのをもう止めたいと考える多くの人々の登場が待たれます。嫌なものに耐えて、言いたいことも言えない状態は、本当に人間として生きていると言えるのでしょうか。人間として生きるために独立が最も有効であると考える琉球人が増えてきた最大の理由は、日本政府による琉球人にたいする差別的扱いにあります。日本政府がそれに気づかず、犠牲をさらに押し付けるなら、琉球の独立への歩みはさらに加速するでしょう。

第3章

そもそも琉球の歴史とは

第1節　琉球国を否定する日本政府

現在、琉球併合はどのように認識されているのか

２０１５年1月30日、私は琉球民族独立総合研究学会の代表理事とともに外務省沖縄事務所を訪問し、日本政府が軍事力をもちいて琉球国を日本に併合したことにたいする謝罪と、琉球国が締結した琉米修好条約、琉仏修好条約、琉蘭修好条約原本の琉球への返還を求め、基地の強制は琉球人差別であると訴えました。外務省職員は、「当時の状況があいまいであるため、琉球国は存在したとも、存在しないとも言えない。基地の存在は差別ではない」と答えました。伊波普猷《いはふゆう》、東恩納寛惇《ひがおんなかんじゅん》などをはじめとして戦前から今日にいたるまで琉球国に関する歴史研究は膨大な蓄積があり、その存在は歴史的事実であるにもかかわらず、日本政府は琉球国の存在を実質的に否定したのです。国は存在したか、存在しないかのどちらかであり、双方の状態であるはずがありません。近代国家・日本の政府が、このような認識であることは知っていましたが、みずからの耳でこの言葉を聞き、驚きと怒りを感じました。

琉球人の祖先が営々とつくりあげた琉球国の歴史を日本政府が否定したのであり、

このような行為は琉球人の誇りをいたく傷つけるものです。これは琉球人にとって衝撃的な〝事件〟であると言えます。

１８７５年に日本政府からの強い求めに応じて、琉球王府はしかたなく前述の3条約の原本を提出しました。なぜなら副島種臣《そえじまたねおみ》元外務卿（現在でいう外務大臣）は琉球国使節にたいして「琉球の国体は永久に変更しない、中国との交易は今のまま」と約束したからです。しかしそれはウソでした。騙しによって条約の原本を奪ったのですから、日本政府は琉球にそれを返還すべきです。

２０１０年6月に鈴木宗男衆議院議員が国会で「琉球王国の地位」に関して菅直人内閣総理大臣に質問をして、次のような回答がありました。

「遅くとも明治初期の琉球藩の設置及びこれに続く沖縄県の設置の時には日本国の一部であったことは確かであると考えている」（第１７４回国会５６０号２０１０年６月18日衆議院議員鈴木宗男君提出琉球王国の地位に関する菅直人内閣の見解に関する質問主意書に対する答弁書）

１８７2年の「琉球藩」設置は日本政府が一方的にしたものであり、琉球国が合意したのではありません。その後も琉球は国家として清国に朝貢活動をしました。暴力的に王国を日本に併合した１８７９年まで琉球が日本の一部であったとは言えません。

「沖縄については、いつから日本国の一部であるかということにつき確定的なことを述べるのは困難であると答弁したことは、過去に沖縄が日本国に属していなかった時期があるとの認識を表明したものではないと認識している」(同前書)

歴史的事実として過去に琉球国が日本に属しない、つまり領土ではない時期が長期にわたって存在していました。日本の統治時代は1879年から1945年まで、1972年から現在までの109年程度でしかありません。14世紀はじめに北山国、中山国、南山国という3つの国ができ、1429年に琉球国が統一されました。600年近く、琉球は日本国とは異なる国として存在していたのです。1609年に島津藩に侵略をうけ、それ以降、経済的に搾取されますが、王国体制は変容をとげながらも発展し、内政権、外交権を行使していました。「日本に属していた」のではありません。

2015年3月に照屋寛徳《てるやかんとく》衆議院議員は、「琉球王国の歴史的事実と認識」について国会で再質問をし、日本政府からの回答を踏まえて次のように述べています。

「(日本政府が)国際約束とは『条約等国際法上の主体の間において締結され、国際法によって規律される国際的な合意』であると定義づけたことが最大のポイント。これによって、❶琉米・琉仏・琉蘭3条約を締結したのは国際法主体（主権国家）たる琉球王国であることが判明した。また、「我が国」（日本国）として締結した最初の国際約束は『日米和親条約』（1854年3月）であると認識されている――との答弁から、少なくとも和親条約締結時点で、❷江戸幕府も国際法主体であったと解される。そのうえで、琉米和親条約（1854年7月）が日米和親条約よりも後に締結されたことを踏まえると、琉球王国と江戸幕府は異なる国際法主体であったと言える。すなわち、琉球王国は、江戸幕府の統治権（支配）の及ぶ地域（領土）ではなかった、ことがわかった。

明治政府は『国家』たる日本国の『政府』であった――との答弁から、1879年の琉球処分によって、琉球王国は『国家』たる日本国に併合された（組み込まれた）と言える。以上のことから、少なくとも日米和親条約が締結され、琉球処分が断行された1854年～1879年の間、琉球王国は国際法主体たる主権国家、独立国家であったと、政府が認めたに等しい」（照屋寛徳・衆議院議員提出「琉球王国の歴史的事実と認識に関する再質問主意書」にたいする日本政府の回答「内閣衆質189第129号2015年3月20日」への照屋議員のコメント）

琉球王府も江戸幕府と同じ、国際法の主体であったので、欧米諸国と修好条約を結ぶことができたのです。照屋議員の国会質問によって、日本政府は期間限定ではあるが琉球国の存在を認めたことが明らかになりました。日本政府は、琉球国が国家であり、その国を暴力的に併合したことを公式に認め、謝罪しなければなりません。

２００７年３月に照屋議員は国会において安倍首相にたいして「ウチナーンチュの法的地位」について質問をし、次のような回答をえました。

「沖縄の方々については、遅くとも明治三十二年に制定された旧国籍法施行の時から日本国籍を有していたものと承知している」（内閣衆質１６６第１１２号２００７年３月20日）

しかし、照屋議員も指摘しているように、旧国籍法が施行された１８９９年４月よりもはやく、１８９８年１月には徴兵令が琉球人に適用され、徴兵されました。徴兵対象は日本帝国臣民であり、旧国籍法よりも前に琉球人は日本国民にさせられたのです。戦争の兵士として利用するために。領土の確保を目指した琉球併合の延長線上に、琉球人の軍事的利用があり、琉球の軍事化は沖縄戦に直結します。日本人になった最初が徴兵令というのは、日本と琉球との関係を象徴しています。

照屋議員は同じ質問主意書のなかで米軍統治時代における琉球人の政治的地位について質問して次のような政府回答をえています。

「昭和二十七年二月二十九日の琉球列島米国民政府布令第六十八号（琉球政府章典）においては『琉球住民』の定義及び『琉球住民』の琉球政府に対する権利義務等が定められていたと承知している。なお、同布令第三条にいう『琉球住民』は日本国籍を有していた」（同前書）

米軍統治時代の琉球人が日本国籍をもっていたと日本政府は主張しています。しかし、日本国民であれば当然受けることのできる日本国の憲法や法律による琉球人の人権保護がまったくなされませんでした。また日本の都道府県が得ていた補助金、公共事業も琉球は受けることができませんでした。琉球人は日本やアメリカのパスポートを所持できず、海外に渡航した琉球人がトラブルに巻き込まれたとき、アメリカや日本の在外公館は琉球人を助けてくれませんでした。琉球の漁船も「国籍不明船」として他国の警備艇から銃撃されたこともあります。

米軍統治時代、日本政府は琉球にたいする潜在主権を有していたと主張しています。しかしそれは何の意味もない言葉です。潜在主権とは、琉球の領土権は有しているが、その領土における権力は米政府が行使するというものです。日本政府は領土権を持っているというだけで、何もできません。米政府が欲するまで琉球において施政権を行使し続けることができるのです。「復帰」後は、広大な基地内において米政府は施政権を保持したままです。また日本政府が領土権を有しているとする「根拠」は琉球併合でしかありません。しかしこれは国際法違反の行為であり、日本の琉球にたいする領土権には確たる根拠がないのが実態なのです。潜在主権とは、琉球人の合意なしに米政府が一方的に認めたものです。よって「米軍統治時代の琉球人が日本国籍を有していた」という認識は完全に誤っています。

「昭和四十七年五月十五日の沖縄の復帰前においては、日本国憲法は、観念的には同地域に施行されていたが、現実には、日本国との平和条約（昭和二十七年条約第五号）により米国が施政権を行使していたため、実効性をもって適用されることはなかったと考えている。したがって、沖縄については、米国から施政権が返還された昭和四十七年五月十五日以降、日本国憲法の規定が実効性をもって適用されることになったと考えている」（同前書）

ここにも日本政府のウソがあります。「日本国憲法が観念的に施行されていた」ならば、なぜ憲法の基本的人権、平和主義に反することが琉球で日常的に発生していたのでしょうか。琉球人を殺し、レイプした米軍人がろくに裁判を受けずに、アメリカに逃亡することがしばしばありました。「観念的」にであれ、日本国憲法が琉球に適用されていたとは言えません。「観念的」という言葉を無理に捏造《ねつぞう》することで、「琉球は日本のものだ！」と主張したいのかもしれません。多くの琉球人が「復帰」運動に参加したのは、「日本国憲法のもとにある国」の一部になることで、米軍による人権蹂躙状態を終わらせたいと願ったからにほかなりません。憲法は実効性がなければ意味がありません。

「沖縄を含む我が国と各連合国との間の戦争状態は、日本国との平和条約により、同条約が効力を生じた昭和二十七年四月二十八日に終了した」(同前書)

１９５２年４月28日（いわゆる主権回復の日）に日本の戦争状態は終わったとしていますが、琉球では今でも米軍による占領は終了せず、戦争状態が続いています。琉球で生活し、米軍による事件・事故に身をさらし、被害者の立場から基地をみると、「ここは戦場だ」と実感するはずです。琉球人に寄り添う感覚が日本政府には欠如しています。

アメリカは琉球国を認知した

米政府は琉球国、琉球併合をどのように認識しているのでしょうか。米国務省の歴史事務所はみずからのホームページで次のような見解を示しています。

「19世紀半ば、琉球は独立した王国であり、日本とアジア大陸との貿易に力を入れていた。1854年7月11日にマシュー・ペリー米提督が琉球との条約に署名した。他の欧州諸国も同じような貿易協定を結んだが、それは琉球の北方にある日本からの脅威を高める結果になった。1874年の終わりから、明治の日本帝国は琉球をより深く併合(incorporate)させ始めた。1875年に日本は琉球に駐屯部隊をおいた。1879年に日本政府は琉球を併合し(annexed)、琉球王国を廃絶させ、日本列島のなかの南の辺境として位置付けた」

「アメリカと琉球との最初の公式的な相互承認は、1854年7月11日にマシュー・ペリー米提督が署名した条約によってなされた」

「この条約によって、琉球を訪問する全ての米市民にたいする優遇と友好や、琉球の沿岸で座礁した米国船にたいする救援が保障されることになった」

「(日本との潜在的な利害の対立)琉球と締結した米国の条約によって発生した問題の一つは、日本政府が琉球への支配をさらに強化し、諸外国政府の琉球に関する諸事務は日本政府の外務省を通じて行うことを主張し始めたことである。このような命令にたいするアメリカの立場は、琉球の独立は係争問題であり、関係諸国間と結んだ条約条項に明記された諸権利が破られない限り、アメリカはこの問題に介入しないというものであった。しかし、この問題は、1879年に日本が琉球諸島を直接併合

(took over) したときに、存在しなくなった」

(U.S.Department of State Office of the Historian: https://history.state.gov/countries/lew-chew 松島訳)

米政府は琉球国を国として認め、日本に併合されたことを歴史的事実としています。米政府は、琉球と結んだ修好条約で定められた諸権利が日本の琉球支配によって失われることで日米間の「利害の対立」が引き起こされうると認識していたのです。琉米修好条約は１８５５年に米議会が批准《ひじゅん》し、同日に大統領によって公布されました。アメリカと琉球とは独立国家として相互承認して修好条約を締結したのです。同条約のなかで特筆されるべきことは、アメリカ人にたいする琉球側の逮捕権を主張し、それを条約のなかに明記させたことです。「ボード事件」を踏まえてのことでした。１８５４年5月に、ペリー提督とともに琉球にやってきた船員のなかにウィリアム・ボードという人物がいました。他の兵士とともに船を抜け出し、人家に押し入り琉球人女性をレイプしました。それを知った琉球人たちが石を投げて、逃走するボードを追いかけたのですが、ボードは海中に転落して命を落としました。ペリー提督がボードを追跡した6人の処罰を求めたために、王府はみずからで裁判して6人を宮古・八重山諸島に「島流し」の刑に処しました。しかし実際は、裁判の席にいた琉球人は替え玉であり、主犯とされた女性は八重山諸島に流されず、沖縄島内で90日間の寺入り処分ですんだそうです。

同条約を批准した米政府は条約の効力について日本政府に問い合わせました。日本政府は条約を引き継ぐと回答しています。つまり、琉米修好条約の効力を日本政府も認めていたのです。その効力を琉球国に行使させないために、ウソをついて条約原本を奪ったのです。米政府に渡された原本は米国立公文書館において今でも大切に保管されています。

日米地位協定第17条5(c)には、「日本国が裁判権を行使すべき合衆国軍隊の構成員又は軍属たる被疑者の拘禁は、その者の身柄が合衆国の手中にあるときは、日本国により公訴が提起されるまでの間、合衆国が引き続き行なうものとする」という規定があります。つまり、起訴まで十分な捜査を日本の警察が行えないのです。王国は琉球人の生命、財産を守るために逮捕権を修好条約に書き込ませました。日米地位協定を結んだ日本政府よりも琉球国政府のほうが外交権を駆使して国民の安全という国益を守ったのです。琉球はすでにこのような近代的な条約を結ぶ外交能力を培っており、将来の独立国家もその力を活かして、国民を保護し、多国間との平和条約を締結することができるでしょう。

日本政府はなぜ歴史の事実に向き合おうとしないのでしょうか。琉球国の存在を認めてしまうと、琉球併合という侵略と、その後の植民地支配を政府として認知することになり、それを恐れているのかもしれません。日本の「同盟国」であるアメリカも、1893年に米政府、米海兵隊が介入してハワイ王国を廃絶させ、1898年にアメリカに併合しました。米国市民によりハワイの先住民族であるカナカマオリの自己決定権が侵害され、王国が廃絶されたことを謝罪する「合衆国公法103‐150号」が1993年に米連邦上下院を通過し、クリントン大統領が署名して成立しました。

現在、日本政府を指導し、影響を与える立場にある米政府は、日本政府の誤った認識を正してほしいものです。

2008年6月に衆参両議院で「アイヌ民族を先住民族とすることを求める決議」が採択されるまで、日本政府はアイヌ民族を先住民族として認めませんでした。日本の政府や議会がそれを認めた理由は、アイヌ民族が先住民族であると声をあげ、国連の人権委員会などで何度も訴え、国際的な圧力を日本も無視できなくなったからです。

みずからの統治において都合の悪いことは、事実であっても認めないのが日本政府の正体なのです。統治者が認めないと国として存在しないことはありません。統治者の承認とは関係なく、琉球の国としての存在は歴史的事実であり、少なくともアメリカ、フランス、オランダ、中国は認めています。そのほか、かつて琉球国と外交関係を有し、貿易をした国々、韓国、北朝鮮、ベトナム、タイ、フィリピン、インドネシア、マレーシアなども琉球国の存在を認知するでしょう。

1609年以降、島津藩の経済搾取《さくしゅ》を受けてから琉球国は日中に「両属」しており、独立国とは言えないという仮説があります。しかし、琉球は国王を頂点にした、内政権、外交権、防衛権を有する独立国家であったことを実証する歴史研究が学界の通説となっており、琉球の国家性を否定する研究はほとんどありません。日本の幕藩体制に組み込まれておらず、参勤交代をせず、江戸に琉球の藩邸もありませんでした。李氏朝鮮の通信使と同じように、琉球国も慶賀使、謝恩使という使節団を江戸幕府に定期的に派遣していましたが、それは一種の外交儀礼であり、服属の証拠にはなりません。

日本政府は、「150年前の歴史状況があいまいであるため、琉球国の存在は認められない」と主張していますが、あいまいではなく、歴史事実ははっきりしていま

はできません。

す。統治者である日本政府が認めなくとも、世界の多くの国が認めれば国際的な認知となります。日本も国連加盟国である限り、国際的な世論をいつまでも無視することはできません。

現在、琉球新報社、琉球民族独立総合研究学会、照屋寛徳議員をはじめとして、琉球が欧米諸国と結んだ修好条約の原本返還を求める声がこれまでになく高まっています。琉仏修好条約、琉米修好条約それぞれの相手国側の原本がフランス、アメリカでも確認されています。日本政府は、琉球国が国家であった物証を、フランス、アメリカに赴いてまで奪うことはできません。世界の人々はなぜ3条約の原本を日本政府が所有しているのか疑問に思うでしょう。日本政府は隠しごと、やましいことをしている、つまり琉球にたいする侵略と植民地支配をしてきたと考えるのではないでしょうか。

フランスも琉球国を認知した

1855年に琉球国とフランスが結んだ琉仏修好条約のフランス側の原本が、パリ東部に隣接するヴァンセヌ市の海軍公文書館に保存されています。条約には、両国人民の友好、商品の自由購入、土地・家屋・船舶の借用などが記載されています。第10条では、この条約にたいする琉仏両国の違反者は互いの国の法律で罰することが明記されています。また仏政府は琉球における土地の購買権を手に入れようとしましたが、琉球国はその求めを拒否しました。主権を守るために、琉球国が外交権を行使しながらフランスと交渉していたのです。面積の狭い島嶼の土地を外国の政府や企業が占有することで、政治経済的な影響が拡大し、植民地になってしまった世界の島々の歴史を考えると、琉球国の判断は大変、適切でした。

国王につぐ位にあり、王国の政治を取り仕切る三司官であった与那原《よなばる》親方《うえーかた》良傑《りょうけつ》や富川《とみかわ》親方《うえーかた》盛奎《せいけい》は、１８７８年、ジェフロワ駐日フランス代理公使にたいして、琉仏修好条約を示しながら、「フランスは琉球を独立国として交渉した。日本を説得してほしい」と琉球併合の阻止を嘆願しました。しかし、中国との第2次アヘン戦争によりフランス保有の艦船数が十分ではなく、日本との通商を開くことが琉球国との関係よりも重要であると判断し、結局、フランスは琉球併合に介入せず、琉仏修好条約を批准しませんでした。

一方、ジェフロワ代理公使は、在中国の仏使節団の同僚にあてた手紙で次のように述べました。「琉球人の善良さは興味深く、彼らの主張は正当である。日本人は厚かましくも彼らを併合し、その件について中国が同意したものと万人を信じさせようとしている」またフランスの新聞ル・モンド紙の前身、ル・トーン紙は１８７９年８月

７日に次のような記事を掲載しました。「日本人たちがした行為は、彼らの権力や威信に何かを加えることはなかった。弱い人々を虐《しいた》げようとした彼らを全世界が嘲笑しただけだ。日本は公正でも賢明でも、まして勇敢でもないことを証明している。中国と開戦する危険を冒した。今や弱い者には恐れられているが、後代の人たちには非難されるだろう。領土を拡大したことは祝福されるべきことであろうが、他国を破壊したことはむしろ責められるべきことである」（『琉球新報』２０１５年2月8日付）

仏政府は琉仏修好条約を批准しなかったものの、琉球国を国家であると認めていたことは明らかです。日本と琉球とを比べて前者との関係を重視するという、リアル・ポリティクスの視点から批准しなかったのです。しかし、仏政府の外交官が、日本が琉球を併合したことを明確に認めたという事実は重要です。またフランスのマスコミも日本政府による琉球併合は「世界の嘲笑の的」「勇敢でもないこと」「後代の人に批判されるべきこと」「他国破壊の責任を負う」恥ずべき行為とみなしていました。現代の日本政府が「琉球国は存在しない」と言いつのり、琉球併合の罪を認めなくとも、世界の人々はそうは考えていないのです。

琉球国という自己意識

独立国としての成立は、他国が認めるかどうかということよりも、民族がみずからの土地を国として認識するかどうかが重要です。琉球は他者の認知とともに、琉球人の自己意識によっても国として存在していたことは明らかです。琉球が国であることを琉球人自身が認識し、琉球人として行動していました。明、清との朝貢冊封関係という外交的、経済的な対外関係を通じて、他のアジア諸国も琉球国を独立国として認め、外交文書を取り交わしました。中国との朝貢冊封関係への参入は、他のアジアの国々との外交と貿易を可能にしたのです。現在も残る『歴代宝案《れきだいほうあん》』という琉球国の膨大な外交文書を読めば、琉球が国であったことは明確です。明や清などの中国政府も、琉球を「外藩」として、朝鮮国、安南国（ベトナム）と同列の独自な国として認めていました。日本も遣隋使や遣唐使の時代、足利義満の時代は中国に朝貢しており、外藩の一つでした。

琉球において意識的に琉球を国として認識し、島津藩の侵略軍と戦ったのは謝名親《じゃなうえー》方利山《かたりざん》です。私は琉球に「帰国」するたびに、那覇市若狭にある鄭迵《ていどう》謝名親方利山顕彰碑に足を運び、琉球の過去、現在、未来を考えています。顕彰碑には次のような文が刻まれています。

「謝名親方は名を利山、唐名を鄭迵と称し一五四九年（天文一八年）那覇久米村に生れた。父は鄭禄といって琉球王府の通事（通訳）であった。鄭迵は一五六五年（嘉靖四五年）十六才の時中国に渡り明の国子監（北京の大学）に留学、沖縄に帰ってから久米村の子弟教育にあたり（那覇天妃に塾を設け漢学を教えたのが沖縄での学校のはじめである）また数回に亘り琉球王府の使節として中国におもむいた。その功労によって浦添間切謝名村の地頭に補せられ謝名親方とよばれた。一六〇七年（慶長一二年）三司官に任ぜられはじめて最高の国政に参与した。久米村出身で三司官になったのは鄭迵が最初である。鄭迵は六二才で此の世を終ったが謝名親方は琉球人の自由と独立をまもる為に死を以って戦った唯一人の人物であった。琉球の歴史を通じて鄭迵のように強い意志と勇気をもった人物は未だかつてなかった。三司官の地位は僅か三、四年にすぎなかったが、その指導理念は現在および将来にわたって消え去ることはないであろう。換言すると謝名親方の政治的信念は当時世界的に封建的政治であった中において民主政治の原点にたったものであって為政者として末代まで顕彰される可き琉球の誇りとする。　鄭氏門中会」（旧漢字を新漢字にした）

　門中とは琉球の親族集団の名称であり、門中のなかには数千人にもおよぶ親族メンバーを抱えるものもあり、親族の遺骨が埋葬されている巨大な亀甲《きっこう》墓、破風《はふ》墓の前で清明祭を挙行しています。門中制度、墓制、清明祭も中国に由来し、琉球に定着した制度です。「鄭氏」のように、琉球に移住した中国人を祖先にもつ親族集団も琉球には多くいます。主に現在の福建省の技術者集団が、明皇帝から提供される形で琉球に渡ってきました。那覇の久米《くめ》村に住み、王国の外交、貿易活動に従事しました。今でも中国名と琉球名を持ち、同じ親族集団の会館を有して、互いに助け合って生活しています。

謝名親方は「琉球人の自由と独立をまもる為に死を以って戦った」人であると認識されています。島津藩への忠誠を誓う起請文への署名を拒否して、処刑されました。

現在、謝名親方の名前に由来する「リザンシーパークホテル谷茶ベイ」が沖縄島の恩納村にあります。インドの聖者グルムク・シンが1982年に琉球を訪問して、「ホテルの新築にあたっては、愛と犠牲の人生を生きた無名の偉人の名を冠すべし」と述べたことにしたがい、謝名親方利山の名をホテル名としました。同ホテルのホームページでも謝名親方の説明がなされています。

2015年3月、私は外務省沖縄事務所で「琉球国は存在したとも、存在しないとも言えない！」という言葉を聞いたあと、琉球が国であった物証を求めて、首里城、その周辺を歩きました。首里城の近くに、1543年に建立された「国王頌徳碑」の石碑があります。それは首里城から弁《べん》ヶ嶽《だけ》までの道を石畳にした尚清王を讃えたものです。表面は漢字まじりひらがな文、裏面は漢文で書かれています。裏面には「大琉球国中山王尚清（中略）大明嘉靖二十二年（中略）日本南禅琉球円覚精舎釈」の文字があります。「大琉球国」のように国としてみずからの土地を認識し、「日本」と「琉球」を明確に区別していました。

１４５８年に尚泰久《たいきゅう》王が鋳造《ちゅうぞう》させ、首里城正殿に掲げた「万国津梁之鐘《ばんこくしんりょうのかね》」があります。実物は沖縄県立博物館に保存されていますが、そのレプリカを首里城のなかで見ることができます。この表面には、琉球国が中継貿易で栄えていた時代を詠んだ、次のような漢詩が書かれています。

琉球国者南海勝地　而鍾三韓之秀　以大明為輔車　以日域為脣歯　在此二中間湧出之蓬萊嶋也　以舟楫為万国之津梁　異産至宝充満十方刹

琉球国は南海の勝地にして　三韓（朝鮮国）の優れたものをあつめ　大明（明国）をもって輔車となし　日域（日本）をもって脣歯となす　この二者の中間に在りて湧出する所の蓬萊島なり　舟楫をもって万国の津梁となし　異産至宝は十方刹に充満せり

ここでも琉球は明、日本、朝鮮とは異なる国であり、多くの国と貿易して、さまざまな物産や宝が国中に満ちているという、その当時の琉球人の自己意識をうかがい知ることができます。

琉球民族はいつから発生したか

琉球国は高度に発展していた国でした。例えば、首里城。この城の住人は地下水をくみ上げて飲み水などに利用していました。地下水が最初に湧き出るのは同城内の龍《りゅう》樋《ひ》です。現在でも1523年につくられた龍樋を見ることができます。首里城は、沖縄戦のとき日本軍の司令部がその地下におかれたため激しく攻撃されたのですが、奇跡的に龍樋はそのまま残っています。地下水は龍潭《りゅうたん》と呼ばれる池に集められます。龍潭の水位が増すと、地下水路を通り、真嘉比川を流れ、最終的に海にいくようになっていました。地下水路によって水をコントロールする土木技術が整備されていたのです。(安里進監修『沖縄「地理・地名・地図」の謎』実業之日本社、2015年、22頁)

1737年に乾隆検地が実施され、耕地、山林・原野・田畑の境界、川筋、海岸線、道路、間切（現在の市町村）の境界線などが正確に計測されました。現在の三角点に相当する印部石《しるびいし》を各間切に２００〜３００個置きました。印部石のあいだの方角、距離を測り、13年間かけて「間切島針図《まぎりしまはりず》」を作成しました。それを縮小編集したのが「琉球国之図《りゅうきゅうこくのず》」です。現在の地図と比べてもまったく劣らない正確な地図です。また風水で使う羅針盤を改良し、漢字で方角が表記され、一周を３８４度とした独自の羅針盤を開発して、測量に使いました。『量地法式集』という測量技術に関する本も残されています。（同前書22頁）

「間切島針図」「琉球国之図」は、伊能忠敬が作成した「大日本沿海輿地全図」（１８２１年完成）よりも年代が古いのです。測量技術、地図作成に関しては日本よりも琉球国のほうが進んでいました。

　琉球民族がいつから発生したかについては諸説があります。少なくとも「琉球国之図」を完成させ、みずからの土地が国であると認識したうえで、国の境界を正確に測り、領土の範囲を確定した１７５０年には、本書で考える琉球民族はいたと言えるでしょう。琉球で正確な地図が作成されたことの意味は非常に大きいのです。それは「近代国家への意識」を示すものです。ネーション（民族）の生活空間を正確に認識し、この土地の運命を決定する主体は自分であるという自覚の芽生えにつながります。日本と琉球とは平等であるという意識にもつながります。この地図作成の意義が今の琉球で注目されています。欧米諸国との修好条約原本の返還運動のように、現代琉球での民族意識を覚醒させる要因にもなっています。「民族の自覚」は日本政府によるカネ、暴力、無視によって弱められるものではなく、かえって民族運動という火に油を注ぐ結果になっているのです。

琉球は日本よりも早く、みずからの国土を測り、国境を認識しました。琉球は近代国家の初期段階に踏み出そうとしていました。それを日本国が併合し、消滅させたのです。琉球人が怒るのも当然です。

「沖縄学の父」とよばれる伊波普猷《いはふゆう》が「琉球処分は奴隷解放である」と述べたように、封建制のもとで停滞、衰退していた琉球国が、日本によって近代的な沖縄県になったという歴史観は再検討すべきです。土木技術、測量術だけではなく、農業、林業、教育、行政制度、工芸、芸能など、さまざまな分野で琉球は発展しつつあった国でした。それが日本政府によって暴力的に消滅させられました。琉球王国の復活を目指すものではありませんが、王国は衰亡して自己崩壊したのではなく、日本政府によって軍事的に併合されたという歴史的事実をしっかりとおさえておきたいのです。もしも併合されていなかったら、王国から近代国家へと発展した国が東アジアのセンターに存在していたのかもしれません。

現在、アジア経済の興隆にともなって、琉球も観光業、物流業、情報通信産業などで大きな飛躍がみられ、基地跡地でも経済活動が活発に行われています。また琉球諸語の復興、「琉球人の誇り」「沖縄差別」という意識形成、「オール沖縄」の基地反対運動、琉球民族独立総合研究学会の設立など、琉球内でもアイデンティティを強調した社会改革運動が大いに盛り上がってきました。

琉球全体の歴史のなかで日本の一部であった時期は、ほんの一時期でしかありません。琉球独自で存在してきた歴史のほうがより長いのです。琉球史の長期波動といえる「琉球独自の時代」つまり「国であった時代」に再び参入しようとしているのが、今の琉球ではないでしょうか。

再び琉球併合の意味を問う

琉球併合は日本と琉球との関係を根本から考えるための原点です。大城立裕《おおしろたつひろ》は『小説琉球処分』のなかで、琉球併合を進めた大久保利通の言葉として次のように書いています。

「日本政府がなぜあれだけの犠牲を払ってまで琉球を保護するかというと、それは世界の公法としてそうしなければ一分が立たないからだ。いまこの東洋の近海には西洋列強の軍艦がしばしば入りこんで来る。琉球はいま、どの国へとも所属がまだ定まっていないような形であるが、そのようなことでは、いつ外国から侵略を受けないとも限らない。日本政府としては、琉球を明らかに日本の一部分と認めるからには、十分な実力をもって琉球を保護する責任があるわけだ」（大城立裕『小説琉球処分（上）』講談社文庫、2010年、309頁）

欧米諸国が琉球を狙っているから日本がその前に琉球を領有するという理屈は、被支配者の側からみれば納得のできる考え方ではありません。アジアを植民地支配する欧米列強を駆逐するのが「大東亜戦争」の目的であり、その戦いが「聖戦」と言われたゆえんです。しかし、欧米諸国を放逐したあと、その土地の民族に統治をまかすのではなく、日本が「アジアの盟主」として君臨しようとし、被支配者からの抵抗を招きました。それがアジア太平洋を統治下におく大日本帝国の形成が失敗した大きな原因です。日本がアジア太平洋上で獲得した最初の植民地が琉球です。琉球併合は日本の植民地支配全体の文脈のなかで語られるべきです。本来なら、日本政府の「村山談話」でも琉球の植民地支配にたいして謝罪の言葉が述べられるべきでした。

「なにしろ、ヤマトはここを兵力でもって占領し、中国との戦争にそなえようとの肚に違いはないのだ」「薩摩は琉球から貿易の利を奪うことを考えた。日本政府は軍事拠点としての意義のみを考える。その本心に、琉球の人民の生活の安定など毛頭も考えてはいないのだ」（大城立裕『小説琉球処分（下）』講談社文庫、2010年、11頁）

17世紀から今日にかけて、日本は琉球の軍事的、政治的、経済的、外交的利益をいかにして得るかという物欲的な関心でしか琉球をみていないのです。琉球という島の上に自分と同じ人間が住んでいることを考えたためしがないのではないでしょうか。だから人が生きる島で戦争をしたり、異民族による凶暴な支配を見過ごしたり、琉球人の大半が反対する辺野古の海を埋め立てようとするのです。琉球併合の時の日本政府の心性は今も続いています。日本の利益が琉球の犠牲のもとに生み出されてきたという歴史が日本史であり、琉球史なのです。このような不幸な歴史を終わらせて、新たな日本史、琉球史をつくるのが琉球独立という切り札です。

2011年の「3・11」後、福島と琉球を比較しながら、両者とも日本の「犠牲の構造」であると主張した高橋哲哉は次のように述べています。

「沖縄でさえ朝鮮・台湾に対しては、日本の一部として植民地支配する側に位置づけられてしまう」（高橋哲哉『犠牲のシステム――福島・沖縄』集英社新書、2012

年、74頁)

琉球は1879年に日本に併合されて、現在も植民地のままです。同じく日本に併合された朝鮮、台湾と同じ植民地としての歴史をたどりました。朝鮮と琉球も王国でしたが、日本政府は両王国を滅亡させ、前者には朝鮮総督府、後者には沖縄県庁をおいて植民地支配をしました。日韓併合と琉球併合は同じなのです。日清戦争後、日本は台湾を領有しましたが、台湾にたいする日本の欲望はすでに1875年の台湾出兵時に明らかでした。この出兵は他国領土への侵略行為です。明治政府は台湾原住民に殺害された琉球人の「報復」を出兵の理由としており、侵略後の清国との和平協議の過程で日本政府は「琉球人の日本国所属」を主張しました。それをもとにして琉球併合を断行したのです。

「植民地の側に立つ」のか「立たない」のかという議論ではなく、琉球も1879年に、日本の植民地になったのです。琉球人のなかには、日本のアジア・太平洋への侵略過程において日本軍人として戦闘に参加させられ、日本の植民地に移住し、経済活動をした人もいました。しかしそれを根拠にして、琉球が植民地であったという事実が消えるわけではありません。

日本国民として琉球人は他の植民地支配の一翼をにない、植民地政府のなかで立身出世を遂げる者もいました。それはコリアンや台湾人も同じことであり、琉球が植民地ではないことの理由にはなりません。他の植民地とは異なり、日本の法制度が琉球には適用されており、日本国の一部であったとの指摘があります。しかし琉球が他県と同じ県制度になったのは１９２０年からでしかありません。「ソテツ地獄」と呼ばれる、１９２０年代に深刻化した琉球の貧困問題にたいしても、日本政府は抜本的な救済策を実施しませんでした。

琉球が日本に併合された１８７９年は、世界の諸地域が欧米諸国の植民地になった年ともちかく、たとえば、フランスは１８８１年にチュニジア、イギリスは１８８２年にエジプト、アメリカは１８９８年にハワイとグアムを併合し、植民地にしました。

琉球国の存在を認めない日本政府は、琉球人の歴史や文化、そして琉球人自身を侮辱しています。歴史的事実を否定する、「歴史修正主義」と批判されてもしかたがありません。日本政府から貶められ、バカにされるほど、琉球人のアイデンティティはますます強化されます。琉球ナショナリズムは過去への回帰ではありません。経済的、制度的、行政的、技術的な近代化が進むほど、ナショナリズムは民衆化します。「復帰」後、琉球の近代化や現代化が進み、「本土並み」のように日本への同化が期待されました。しかし実際は、日本との差異化が明確になり、琉球ナショナリズムが琉球人の心をつかむようになりました。琉球は日本固有の領土ではありません。琉球はかつて国であり、琉球併合は国際法上でも違法なのです。現在の琉球は日米の植民地であり、その状態から脱しなければならないと自覚した琉球人が独立運動に参加するようになりました。

第2節　瀬長亀次郎と米軍統治時代

不当逮捕による口封じ

本節では、瀬長亀次郎《せながかめじろう》という人物をとおして米軍統治下の琉球の実態を明らかにします。瀬長は、「復帰」前は沖縄人民党、その後は日本共産党の政治家でした。その党派性にかかわらず、一人の琉球人として琉球のために何をしたのかを事実に基づいて検証したいと思います。

瀬長は1907年に豊見城村《とみぐすく》に生まれ、県立第二中学校（現在の那覇高校）、第七高等学校（現在の鹿児島大学）で学んだあと、日本において労働運動に従事しました。1932年、丹那《たんな》トンネル工事現場での争議を指導したために治安維持法違反で静岡の三島で逮捕され、3年間刑務所で服役しました。その後、琉球に戻り、193

6年に沖縄朝日新聞の記者、1944年に毎日新聞那覇支局の記者になります。そして1946年にはウルマ新報社の社長になります。瀬長は1947年に設立された沖縄人民党の幹部でもあり、党務に専念するためにウルマ新報を退社しました。退社声明で瀬長は次のように述べました。

「私は民族解放の一兵卒として、全琉球民族戦線結成のため、全身全霊をうちこみ、わが民族のゆるぎない生活をうち立てる」（瀬長亀次郎『沖縄の心――瀬長亀次郎回想録（新装版）』新日本出版社、2014年、70頁）

この言葉から瀬長の強い民族意識をうかがうことができます。瀬長がこのように民族に強くこだわるようになった一因として、1932年に横須賀において朝鮮人労働者約350人の労働条件改善を主張したストを指導し、朝鮮人の金一声とともに投獄されたという経験があるのかもしれません。

1945年3月に米軍が琉球に上陸しはじめるとともに、直接統治を行うようになりました。1950年12月から米国民政府が「スキャップ指令」によって設立され、米軍による「民政」に移行します。しかし、民政府の幹部は軍人であり、実態は軍政であることに変わりはありません。1946年、米軍政府のワトキンス少佐は次のように述べました。

「米国では、民衆の声は重大視しているが、沖縄は敵国だから民衆の声はない。たとえば、米軍政府はネコで、沖縄はネズミである。ネコの許す範囲しかネズミは遊べない」(同前書59頁)

アメリカと琉球との関係は「ネコとネズミ」との関係に喩えられたほど、従属的で、惨めな植民地関係でした。現在、日本政府は琉球の民意を無視して辺野古新基地建設を強行していますが、日本政府は琉球を「敵国」と考え、「民衆の声」を考慮するに値しないとみなしているのかもしれません。

米国民政府は「布令」を一方的に発令して支配するという、非民主主義的手法で琉球を統治しました。１９５２年、群島政府機能を廃止させる「布令69号」が発令されました。奄美群島、沖縄群島、宮古群島、八重山郡島の４人の群島知事、約１００名の議会議員はこの布令によって公職を失いました。

群島知事は公選でしたが、１９５２年に設立された琉球政府の主席は米国民政府が任命しました。同年4月に開催された琉球政府の創立式典には米国民政府幹部、市町村長など約２０００人が参加しました。壇上において、新たに設立された立法院(琉球の議会)の議員が脱帽し、直立不動の姿勢をとるなか、瀬長一人、帽子をかぶり、座ったままで、宣誓を拒否しました。瀬長が米政府に抵抗した法的根拠は次のハーグ陸戦条約（1899年採択）第45条の規定です。

「占領地の人民は、敵国に強制的に忠誠の誓いを為さしめられることはない」

そのようなことをすると米軍による厳しい弾圧の対象になる恐れがあったのですが、瀬長は国際法に基づいてみずからの行動が合法的なものであると主張しました。

米軍に歯向かった瀬長にたいして米国民政府は暴力的に口を封じようとしました。1954年、立法院議員の瀬長と豊見城村長の又吉一郎が逮捕されました。逮捕理由は出入管理令（布令125号）、集成刑法（布令1号）違反です。米軍の退去命令に従わなかった、奄美諸島出身の人民党活動家2人を瀬長と又吉がかくまったことが逮捕の理由とされました。瀬長には重労働2年の刑が宣告されましたが、「主犯」は1年の懲役で釈放されました。「主犯」より「従犯」が重い刑が科せられ、明らかに瀬長を狙い撃ちにした逮捕でした。検察側の証人はウソの証言を強要されました。琉球にいる弁護士は米軍の弾圧をおそれて瀬長の弁護を引き受けようとしません。被告人が自分で弁護をし、一般市民の傍聴も禁止されました。瀬長たちにはアリバイがあったにもかかわらず、判事によって無視されました。

高等軍事裁判所第2回公判で次のように瀬長は「不宣誓陳述」をしました。

「瀬長亀次郎の口を封じることは出来ても、しいたげられた幾百万人の口を封じることはできない。被告瀬長の耳を閉ざすことはできるが一般大衆の耳を閉ざすことはできない。被告瀬長の眼はくだかれ盲目にされても世界の民衆の眼をくだき盲目にすることはできない。被告瀬長を投獄することはできても七十万県民を閉じ込めることはできない」(同前書115〜116頁)

不当逮捕で獄につながれても瀬長は不屈の精神で琉球の民衆に期待し、民族の独立と平和の勝利を信じたのでした。

受刑中、瀬長は米軍が管理するコザ中央病院で手術を行いました。電気が切られましたが、バッテリーが始動して手術は成功しました。

1954年11月、「瀬長、又吉不法逮捕批判」のポスターを書き、それを所持したことが「暴動」「煽動《せんどう》」にあたるとして、約40人の人民党員や支持者が逮捕され、実刑判決を受けました。これを「人民党弾圧事件」と言います。

土地強奪と市長追放

1953年、那覇市小禄の具志において米軍は機関銃、戦車砲をつかって住民の土地を強奪しました。このような米軍による暴力的な土地強奪にたいして1954年4月、立法院は「土地を守る4原則」を可決しました。

❶米政府は土地買い上げ、使用料の一括払い、永久使用を行わない。
❷使用中の土地にたいして適正にして、完全な補償を行う。使用料は住民の合理的な算定に基づく要求額にそって支払う。評価および支払いは一年毎とする。
❸米軍による損害にたいしては、住民が要求する適正賠償額を支払う。
❹不要な土地を早急に返還し、新たな土地の接収を行わない。

しかし、米国民政府は聞く耳を持たず、アイゼンハワー大統領は1955年度の予算教書で、「琉球の永久占領」を宣言しました。同年7月、沖縄島宜《ぎ》野《の》湾《わん》の伊佐浜にある土地を奪うために、米兵が水田をブルドーザーで壊しました。琉球軍司令部司令官のジョンソン准将は手に握ったムチを振り回しながら土地強奪を指導しました。自宅にいた住民をピストルやカービン銃で追い出して、家を壊しました。商店の商品も外に捨てられ、米兵が打ち捨てられたビールやジュースを飲み、笑いながら略奪をしました。伊佐浜の人には農業ができる代替地が与えられず、生活に困って八重山諸島、ブラジルに移住する人も多くいました。（瀬長亀次郎『民族の悲劇――沖縄県民の抵抗（新装版）』新日本出版社、2013年、141～145頁）

法治国家であるならば、強奪、器物破損、脅迫などの容疑で犯罪者は逮捕されるはずです。米国民政府が琉球人にたいして犯罪行為をしても、取り締まるのは統治者側ですので、米軍はやりたい放題です。

伊江島では老人がみずからの土地の取り上げをやめるように嘆願すると、米兵は毛布で老人の体をぐるぐるにまき、縄でしばり檻にいれ、沖縄島に移送し軍事裁判にかけました。起訴理由は「軍財産への侵害、住民への煽動、米軍人への暴行」でしたが、さすがに起訴は却下されました。(同前書146〜147頁)

伊江島でも米軍は家屋を焼き払い、「銃剣とブルドーザー」によって土地を奪い取りました。生活に困った農民が、爆撃演習場にされた自分の畑で農耕をしようとすると、米兵はその農民を銃でたたき、軍靴でけり、手で殴り、拘束しました。そして軍事裁判にかけ、「軍施設への不法侵入」として有罪判決が下りました。ジョンソン准将は、立法院議長を呼びつけて、立法院が伊江島に調査団を派遣したら、立法院を解散すると脅しました。1956年には3日間で、30万坪の耕地、山林、原野が米軍によってガソリンで焼き払われました。その理由は実弾発射演習の時に爆弾の着地点が確認できないからというものでした。(同前書149〜152頁)

伊佐浜、伊江島での米兵による土地強奪の現場をみると、武器を使った威嚇、重機での家屋の破壊、放火、物品の強奪、軍事裁判など、まさに戦争そのものでした。このような「犯罪行為」は琉球のその他の場所でも発生しました。

ハーグ陸戦条約では占領軍が守るべきこととして次のように定めています。

第46条「家の名誉及び権利、個人の生命、私有財産ならびに宗教の信仰及びその遵行を尊重しなければならない。私有財産は没収できない」

第47条「略奪はこれを厳禁とする」

２０１５年6月、作家の百田尚樹が自民党の勉強会で「普天間飛行場は元は田んぼで、何もなかった」と発言しました。しかし、実際は１９２５年において現在の普天間基地がある地域には、９０７７人が住んでいたそうです。終戦直前にそこの住民が収容所にいた間に米軍が土地を奪って基地をつくったのです。

国際法に違反するかたちで米軍は琉球人の私有財産である土地を略奪したのです。

米兵は土地だけでなく、琉球人の命も奪いました。１９５５年9月に発生した「由美子ちゃん事件」では、小学生が米兵に拉致され暴行、殺害されました。１９５６年4月には美里村で米兵が琉球人女性を射殺しました。米兵による琉球人のレイプ、殺害があとを絶ちませんでした。

このようなとき、「〝人民こそ歴史の主人公〟であることを立派に証明する、その証人たらんことを胸に誓って立候補を決意した」（『沖縄の心』１５５頁）と言って、１９５６年に瀬長は那覇市長選に立候補しました。

選挙前に米軍は5種類の瀬長を中傷するビラをヘリコプターから撒《ま》き散らしました。そのような妨害にもかかわらず瀬長は多くの市民の支持をえて当選しました。しかしその後も米国民政府はさまざまな弾圧政策を瀬長市長、那覇市にたいして行いました。まず米国民政府は那覇市の戦災復興都市計画事業のための補助金を打ち切りました。また那覇市は水を沖縄島南部にある具志頭村《ぐしかみそん》（現・八重瀬町）から供給されていましたが、米軍の圧力でそれができなくなるという「水攻め」の嫌がらせを受けました。

米国民政府が設立した琉球銀行は、那覇市の土地計画事業にたいする融資を中止し、那覇市の預金3100万円（B円）を凍結しました。琉球銀行、沖縄相互銀行、第一相互銀行が組織する沖縄金融協会が「瀬長市長には協力しない。人民党員、その同調者に融資せず、預金も受け付けない、雇用も拒否する」という内容の新聞広告を出しました。その他の企業、地域団体、社会組織なども米国民政府に忠誠を誓うかのように、那覇市長への非協力を声明文にして地元紙に掲載しました。

瀬長市長は、米国民政府のムーア副長官、バージャー首席民政官との面会を求めましたが、拒否されました。翁長雄志が沖縄県知事就任後、安倍首相、主要閣僚との面会を拒絶された構図に似ています。瀬長はそのとき、「私は、この連中は体は大きいが肝っ玉は小さいなあ、と思った。だが、肝っ玉の小さい者ほど狂暴性を発揮することがある」(同前書161頁)と思ったそうです。

米国民政府、琉球銀行を初めとする地元銀行による「カネ攻め」から市役所を救ったのは那覇市の民衆でした。市民が市役所にみずから進んで税金を納めるようになり、那覇市政はじまって以来の97%の納税率となりました。このようにして集まった税収入は、橋、港ターミナルの建設、区画整理などの整備に使われました。

瀬長は「私が不正に対して頭を下げることは、十一万那覇市民が頭を下げることであり、それは不正に対する市民の屈服を意味する。私はどんなことがあっても不正には屈服しない。それは十一万市民がこのセナガを支えているからであります」(同前書165頁)と市政報告市民集会で述べました。

市民に支えられている市長をどうしてもその座から引きずり下ろそうとねらう勢力が那覇市議会で策動しました。1957年6月、仲井真元楷議員が緊急動議として市長の不信任案を提出し、24対6で可決されました。その後、瀬長は市議会を解散し、選挙の結果、反瀬長派17人、瀬長派12人、中立派1人が当選しました。選挙中は、米軍による権力と財力による圧迫と、暴力団の直接行動による選挙妨害があり(『民族の悲劇』187頁)、多くの反瀬長派の議員が選ばれました。

しかし反瀬長派は、市長不信任案の再可決に必要な定足数の3分の2を獲得するのに失敗しました。ちなみに緊急動議をだした仲井真元楷議員は、2013年に振興予算増額との交換で辺野古埋め立てを認めた仲井真弘多前知事の父親です。

合法的に市長を追放できなかった米国民政府は、「布令」を発令して市町村自治法と改正市町村長および市町村議会議員選挙法、琉球政府章典を改悪しました。布令とは立法府での審議を経ないで米国民政府の一存で出すことができる命令です。これまで市町村自治法では、議会で首長の再度の不信任決議をする場合、議員総数の3分の2以上の出席と過半数の同意が必要でした。しかしこの布令によって過半数の出席で不信任議決ができるようにしました。

また布令によって琉球政府章典に「重刑または破廉恥にかかる罪に処せられた者でその特赦を受けない者は立法院議員の被選挙権を有しない」という規定を付け加え、これを市町村長、市町村議員の失格条件にまで拡大しました。「瀬長憎し」の米国民政府の魂胆はまんまと成功したわけです。瀬長は在職後10ヵ月20日で市長を追放され、その後、政治家としていっさいの公職につけないようになりました。日本でもアメリカでもない琉球において憲法のような役割を果たした琉球政府章典は、米国民政府の意向で自由に改変や追加ができる代物だったのです。まさに米軍による独裁体制というべき時代でした。

瀬長市長追放抗議市民大会には約10万の人が集まりました。同じ時期にアメリカ本国ではアフリカ系アメリカ人による公民権運動が大いに盛り上がっていました。アメリカの植民地、琉球でも瀬長のように琉球人の公民権が奪われたのです。また米国民政府は瀬長の日本への渡航を禁じ、渡航申請が16回も拒否され、1967年に11年ぶりに日本の土地を踏むことができました。

瀬長が追放された1957年から施行されたのが高等弁務官制度です。それまでは米軍極東司令官が米国民政府の民政長官、在沖米軍司令官が民政副長官でした。1957年以降は米国防長官が任命する高等弁務官が米国民政府の長となりました。弁務官は同時に在沖米陸軍の最高司令官もかねており、琉球において絶大な権力をもち、いかなる公務員も罷免することができました。米国民政府の権力が強化されたころに、琉球人の民意を体現した瀬長が弾圧されたのです。

収入がなくなり生活に困窮した瀬長の家族を支えたのが小さな商店（マチャグワー）です。那覇市の刑務所のすぐ隣に店はありました。瀬長は、カネに余裕がない人にはタバコを1本ずつバラで売ったり、まんじゅうを作って販売して、生活の糧としました。

いまも続く植民地政策

米国民政府の琉球統治の特徴は、「琉球人を分断して支配する」という植民地主義の手法が採用されたことにあります。琉球人の抵抗運動が激しくなると米軍は「オフリミッツ」をやります。それは基地の外にある商業施設への全軍人・軍属（基地内で働く米市民）の立入りを禁止する命令です。基地経済に依存する商店街に経済的圧迫を加え、琉球人の抵抗を削ごうとしました。米軍が設立した琉球大学にたいする財政援助の打ち切りを通告し、反米デモを指導した学生の退学処分を命じました。そのほか、琉球銀行による資金凍結など、影響下にある機関を通じて、逆らう者を徹底的に弾圧したのです。1968年にB52戦略爆撃機が墜落し、B52撤去を要求する県民総決起大会が開かれると、米軍は琉球政府にたいする援助金を大幅に削減し、軍雇用員を大量解雇しました。

他方で、高等弁務官は「弁務官資金」をつかって公民館、運動場、電気水道などの公共事業を行い、米軍の意向に従う琉球人を増やすための懐柔工作を進めました。まさに「アメとムチ」の手法です。その結果、軍に従順な琉球人と抵抗する琉球人ががたいに睨《にら》み合うという図式をつくりあげました。

しかし現在、県民総所得のなかで軍関係受取の比率は約5％でしかなく、米軍統治時代に比べて基地経済の影響力は著しく低下しました。日本政府からの「思いやり予算」で建設された基地内の施設が充実したのか、米兵・軍属その家族も基地周辺の商店街でカネをあまり落とさなくなりました。現在は米軍にかわり、日本政府が琉球にたいして振興予算をエサにして経済的圧力を加えています。しかしそれも、琉球経済全体の体力がつくとともに、日本政府が期待したほどの効果を発揮していません。2014年の名護市長選挙、知事選挙、衆議院議員選挙で琉球人はアメ（振興予算）を欲しがらず、ムチ（基地）の撤去を求めるという民意を示しました。石破茂自民党前幹事長は、名護市長選挙のときに基地建設を容認する候補者が当選すれば、500億円のカネを提供するとぶちあげましたが、反対派が当選しました。これまでにない規模と内容の振興予算を日本政府は約束して仲井真前知事を変節させましたが、琉球人は反対派の知事を誕生させ、みずからの魂を売りませんでした。

「分断して統治する」という植民地主義は今の琉球でも続いています。2013年に石破前幹事長が琉球選出の5人の国会議員をならべて叱責する場面をマスコミに公開し、国民の目にさらしました。これは石破前幹事長をはじめとする自民党幹部が意図してやったことだと思います。国や自民党本部の方針に歯向かったらこういう辱《はずかし》めを受けますよ、という見せしめなのです。辺野古埋め立てに反対した、自民党沖縄県連所属の那覇市議11人も除名されました。他方で、辺野古新基地建設を積極的に主張し、反対派市民の取り締まりを強く求めていた島尻あい子参議院議員を自民党沖縄県連会長に就任させました。

「復帰」前も米国民政府に追随する政党として民主党がありました。1954年8月、民主党の星克議員は立法院において「共産主義政党の禁止に関する決議案」を提出しました。この決議案は成立しませんでしたが、人民党を毛嫌いする米軍の意向をくんだものでした。4原則貫徹を求めて島ぐるみ闘争が展開されていたさなか、民主党幹部で琉球政府の当間重剛《とうまじゅうごう》主席は、土地代の一括払いを認め、米軍の方針を琉球人に理解させるために政府職員を奔走させました。

瀬長が那覇市長に当選した直後、琉球の各種団体が「市長への非協力声明」を発表しましたが、それは米国民政府からの経済的支援が打ち切られるのを恐れたからだと言えます。

1998年にも同じことが起りました。辺野古基地建設に反対する現職の大田昌秀と、それに賛成する稲嶺恵一が知事選を争ったとき、「県政不況」というキャンペーンが大々的に展開されました。それは基地建設に反対する大田知事の政策によって、国からの補助金がストップして不況が発生したことを理由にして、新基地建設に賛成する知事を誕生させようというものです。このキャンペーンを推し進め、稲嶺が知事に当選した後、ブレーンとして知事を支えたのが「沖縄イニシアティブ」グループと呼ばれる人々です。琉球大学教員の高良倉吉《たから》、大城常夫《おおしろつねお》、真栄城守定、そして琉球銀行幹部の牧野浩隆です。高良は歴史家であり、「琉球国の大交易時代」に関する本を執筆するなどして、琉球人一般に勇気を与えた人物です。大城、真栄城、牧野とも経済学者、エコノミストです。このグループは日本政府の国策である日米同盟体制や、在琉米軍基地が日本の安全保障のうえで重要な役割を果たしていることを認めると公言し、これを県政の方針として定着させようとしました。日本政府や日本人が在琉米軍基地の存在意義を強調することは珍しくありません。しかし、著名な琉球人がこのような発言をし、「沖縄イニシアティブ」論を公約や政策として位置付けたことが注目されました。稲嶺知事のころに牧野、仲井真知事のころに高良がそれぞれ副知事に就任しました。

米軍統治時代と現代琉球の違い

琉球での戦争にそなえて米政府は人類学者をつかって琉球の民族調査をさせ、『民事ハンドブック』を作成させました。その結果、琉球人は日本人とは異なる民族であり、日本人に差別されてきたという認識を米国民政府はもつようになりました。この調査結果を活用して、米国民政府は日本と琉球を切り離す政策を実施しました。「琉球人」「非琉球人」「琉球」という言葉を多用し、「沖縄」から「琉球」に企業、組織名を変更させせました。日本復帰運動も、反米運動として弾圧の対象になりました。

米国民政府のフライマス連絡官も「好ましからざる人物とは日本復帰運動をする者だ」(『民族の悲劇』113頁)と述べたほどです。

琉球人という属性は個人のアイデンティティに関わる問題です。そもそも、支配者という他者によってアイデンティティが付与されるのではなく、自分自身で自覚し、獲得するのがアイデンティティなのです。「琉球人」という言葉を支配の道具として米軍は利用したにすぎません。

瀬長は次のように語っています。「県民の生活と権利、土地を強奪し、労働者を奴隷的労働条件の中におしこめ、『自由陣営防衛』の名の下に原水爆、核基地の増強をはかる米占領の政策は、まさに民族滅亡への道であることを県民は学んできた」(『沖縄の心』155頁)

日本から切り離された琉球人は、米国民政府の思うがままにその支配を受けました。琉球人の抵抗の手段として使われたのが、「県民」という言葉、「日の丸」「復帰運動」でした。当時の琉球人の政治的地位は「県民」ではないのですが、あえて「県民」を主張し、日の丸を振り、米軍の弾圧下で復帰運動をすることで、琉球と日本との関係を強めようとしました。「県民」は今日でいうと「民族」と同じような意味と政治的影響力をもつ言葉でした。

孤立して巨大な米軍と闘うことはできません。踏みつけられるだけです。日本人の関心を琉球に向け、反基地運動への支援を得ようとしました。復帰運動は民族解放としての側面もありました。その時の「民族」は、日本民族として意識されていました。日本はサンフランシスコ講和条約によって1952年4月28日に独立したことになっています。しかし、すべての国が講和条約を結んだのではなく、ソ連や中国をはじめとする社会主義諸国は署名していません。占領軍である米軍基地がまだ琉球に残り、米軍による直接統治が行われていました。これでは「真の日本の独立、民族解放」とは呼べません。琉球人がマイノリティのままで、その声がかき消されるのではなく、日本、日本人を味方につけて琉球の平和を実現しようとしたのです。なぜ日本にこれほど期待したのでしょうか。それは日本が日本国憲法をもつ国であったからです。特に9条の「戦争放棄条項」は、まだ戦争状態が続いていた琉球の人々にとって救いの灯火でした。

瀬長をはじめとする琉球人は米軍と闘いながら、真の日本の独立を目指していました。日本に捨てられた琉球人が日本の独立のために闘っていたのです。瀬長の本には「独立、民族解放、国を売る」などの言葉が多用されており、瀬長が民族主義者、愛国主義者でもあったことが分かります。

琉球人にとって日本人とはどのような民族だったのでしょうか。それは平和憲法のもとで生きる、平和な日本に住む人々としてイメージされていました。それだけ米軍統治下の琉球が悲惨であったわけです。「理想の日本人」は、将来自分がなるべき存在、目標として琉球人は考えていました。「復帰」と同時に、日本と一体化することで基地がなくなると思っていました。

しかし、現実は無惨に裏切られます。平和な日本が幻想でしかないことが明らかになります。米軍基地はなくならない、返還された土地に自衛隊基地が建設される、最新の軍用機が配備されるなど、「復帰」後、時間の経過にともなって、日本への期待は小さくなり、怒りだけが生まれてくるようになりました。日本に期待しない、琉球の問題を自分で決着をつける。その究極のかたちが独立なのです。

瀬長は「戦後の沖縄県民のたたかいは、米軍の過酷な軍事占領支配を打ち破り、日本人民の一員としてその権利のすべてを回復し、同時に民族の主権確立、完全独立をめざす重要な一環であった」(『沖縄の心』182頁)と述べています。

瀬長をはじめとする「沖縄県民」は日本の主権確立、完全独立のために闘ったのですが、日本政府は完全独立のために何をしたのでしょうか。琉球に米軍基地を移しただけなのです。琉球における反基地運動が最大に盛り上がった島ぐるみ闘争のころ、つまり1950年代半ばに、琉球の基地が拡大され、日本から米軍が琉球に移駐しました。反米軍基地運動が激しくなった日本において、その移動先として琉球が選ばれたのです。米軍による専制支配が敷かれている琉球では有無を言わさず基地を押し付けることができたからです。同時期に、瀬長は議員、市長の職から米軍によって追われました。「日本の独立化」つまり日本における米軍基地の減少は、「琉球の植民地化」を強化する結果になったのです。

米軍統治時代の琉球の政治的地位は、軍事占領地つまり植民地でしかありません。日米両政府が結んだ沖縄返還協定は、日本政府から経済的支援を得ながら米軍占領をスムーズに継続することを意図したものです。日本政府の「アメとムチ」の政治を介在させた米軍占領は今でも続いています。

オール沖縄誕生の背景

２０１４年の知事選で翁長雄志が日本共産党と協力して選挙をした歴史的意味は小さくはありません。もともと翁長は自民党沖縄県連の幹事長であり、生粋の保守派の政治家です。それがなぜ「イデオロギーよりもアイデンティティ」といって知事選に出たのでしょうか。２０１３年に41自治体の全市町村長、議会議長、県議会各会派代表、経済団体代表がオスプレイ配備撤回、普天間基地の閉鎖・撤去、県内移設断念を日本政府に訴えた「建白書」を翁長はとりまとめ、東京の街を皆でデモ行進しました。そのとき、沿道から「うじ虫、売国奴、日本から出て行け」などのヘイトスピーチの攻撃を受けました。そのころから、翁長の心には「被差別の対象」であり、「自己決定権行使の主体」という琉球人アイデンティティが強くなり、イデオロギーをこえた「オール沖縄」への志向がこれまでになく高まったのではないでしょうか。

２００７年から２０１１年にかけて琉球新報社から、瀬長の日記をまとめた『不屈』３部作が出版されました。また２０１３年には「瀬長亀次郎と民衆資料：不屈館」が那覇市内に開設されました。私も不屈館に行きましたが、瀬長が米軍政府と闘ってきた軌跡を写真、映像、解説文、遺品、手紙、本などを通じて知ることができました。まるで瀬長が生きかえって、今も日米両政府から弾圧を受けている琉球人を励ましてくれているかのような思いが湧き出る空間でした。辺野古の闘争テントにも、瀬長の言葉である「不屈」や「弾圧は抵抗を呼び、抵抗は友を呼ぶ」と書かれたノボリや看板が立っています。2013年と2014年に瀬長の『民族の悲劇』と『沖縄の心』が新装出版されました。地元紙でも瀬長についての連載記事が掲載されるなど、近年、瀬長がふたたび脚光を浴びています。これは、琉球と日米両政府との対立が深まったとき、一人の琉球人として瀬長がどのように行動し、逆境を乗り越えたのかを琉球人が真摯に学ぼうとしているからです。

すでに琉球人は、横暴を極めた米軍政府に27年間激しく抗ってきました。現在の日本政府にたいする抵抗はこれまでの闘いの延長線上にあります。巨大な権力にどのように立ち向かうのかという方法を琉球人は知っています。たとえ日本政府に琉球人リーダーが不当逮捕されようとも、瀬長を知る琉球人はそのような暴力にたじろがないでしょう。なぜなら琉球人の民衆が、わが島の政治リーダーを支えてきたからです。

石垣島生まれの詩人、伊波南哲《いはなんてつ》は瀬長について次のように書いています。

「オヤケ・アカハチの蒔いた民族解放への革命の魂は、三百四十八年前の慶長十四年に、謝名親方によって開花し、三百四十八年後の今日、このほど那覇市長に当選した、琉球人民党書記長瀬長亀次郎氏によって結実した。瀬長氏は、いつでも断頭台にのぼる覚悟をきめているので、彼の民族解放への悲壮な決意は如何なる権力といえども、ゆるがすことができないだろう。われわれは瀬長亀次郎氏に続かねばならない。今や、単なる沖縄ではなく、瀬長個人の問題ではなく、世界の目が大きくこれらに向けられているのである」（『沖縄の心』166頁）

オヤケ・アカハチとは、1500年に琉球国王・尚真が派遣した石垣島侵略軍と戦争をして、島を守ろうとした英雄です。琉球人は長い歴史のスパンで現在や将来の琉球のあり方を考える傾向があります。伊波は、オヤケ・アカハチ、謝名親方、瀬長と抵抗のリーダーを連ねましたが、21世紀の琉球人はその延長線上に翁長をおき、知事に選んだのではないでしょうか。

第二、第三の瀬長が出現する風土が琉球にはあります。たとえ不当な裁判で裁かれ、刑務所に送り込まれても、無実は歴史によって証明されます。また自己決定権を求める運動を粘り強く続けたことで、琉球政府の主席の選出方法が次のように改善されました。米国民政府による直接任命（1952年〜57年）→高等弁務官による任命制（1957年〜60年）→立法院の第一党方式（1960年〜62年）→立法院の指命にもとづいて高等弁務官が任命（1962〜65年）→立法院間接選挙制（1965年〜68年）→住民による直接公選制（1968年〜72年）。直接公選制によって、米国民政府の意向に歯向かう初めての主席として屋良朝苗《やらちょうびょう》が選出されました。過去・現在・未来の琉球人は、琉球の政治家がどれほど過酷な弾圧を支配者から受けても、その人を心から助けようとするでしょう。そのような社会環境ですので、琉球の政治家は、圧政者にたいして徹底的に抵抗することができるのです。多くの琉球人が第二、第三のアカハチ、謝名親方、瀬長になるという気概をもっているのかもしれません。

琉球は日本の領土であり、それをアメリカと交渉して取り戻したのであり、自分の領土で何をしようと日本国の思うがままであると、日本政府は考えています。アメリカの意向に従う日本政府は当初、琉球人の復帰運動を支援しませんでした。もともと琉球は日本の領土でもなく、不法に奪い取られました。このような不正義を正すために、瀬長のように琉球人は、みずからの尊厳を貶める日本政府とこれからも徹底的に闘っていくでしょう。

第3節　照屋敏子の琉球独立論

海洋民族の独立論

琉球独立論を強く主張した琉球人の一人に照屋《てるや》敏子《としこ》がいます。その独立論の特徴は、机上の空論ではなく、アジア・太平洋の荒波で鍛えられた、地に足の着いた議論であることです。

照屋は1915年に沖縄島の糸満で生まれました。糸満は琉球国時代から漁業が盛んに行われた土地です。かつては「糸満売り」と呼ばれる、子供が売られて漁師になる習慣がありました。糸満漁民は琉球をこえて、アジア・太平洋の各地に進出し、琉球独自の漁船、サバニに乗って、特に追い込み網漁に力量を発揮しました。

照屋は16歳になると家族とともに南洋群島（現在の北マリアナ諸島、パラオ、ミクロネシア連邦、マーシャル諸島などのミクロネシア諸島）に移住し、サイパンにあった南洋実業専門学校を卒業しました。当時、南洋群島最大の貿易会社であった南洋貿易会社の社員としてサイパン、パラオ、セレベスなどで働き、20歳の時には当時の金額で6000円の貯金を蓄えました。

戦後、福岡県知事の野田俊作が照屋に次のような内容の依頼をしました。GHQの命令で琉球人外地引揚者を福岡で引き受けることになった。しかし食料がないから漁師を集めて水産会社をつくってほしい。

照屋は「沖の島水産」を設立し、約300人の引き揚げ琉球人を使い、九州近海だけでなく三陸沖まで操業しました。しかし、サンフランシスコ講和会議が開かれ、日本の独立とともに、琉球が日本から切り離され、琉球人漁民の国籍が問題になり、福岡県は漁業法を盾にとって「漁業禁止」命令を発しました。やむなく照屋は会社を解散しました。照屋は次のように述べています。

「沖縄人は、所属のはっきりしない民族だからよ。終戦直後の何もない時はおだてて、沖縄県という腕章までつけて魚獲らせたくせに、その恩を忘れて追い出しさ。どんなにくやしい思いをしたか」（照屋敏子「母なる海に生きて」『青い海』No.64、1977年、88頁）

日本が独立するにあたり、琉球人が邪魔になった日本政府は琉球を切り離しました。沖縄戦のとき琉球で「捨て石作戦」を敢行したように、日本が国益を守るためには捨ててもかまわない存在だったのです。それを身をもって体験したのが照屋でした。「復帰」前の琉球人の多くは日本を「祖国、母国」と讃《たた》えていましたが、照屋は日本に期待するのではなく、みずからの足で立つことを信条とするようになりました。

日本で漁業活動ができなくなった照屋は東南アジアに生活の場を求めます。約50人の漁師を引き連れ、100トンの母船1隻、サバニ5隻の船団でマレー海に進出しました。おもに糸満漁民が得意とする追い込み網漁に力を入れました。1957年には、シンガポールの華僑と合弁で春光水産を設立しました。しかし琉球人には漁業権がないと言われ、水揚げの半分を合弁相手が持っていきました。漁場のコースを間違えると拿捕されるという危険を冒しながら漁業をしました。米軍統治下の琉球は、日本やアメリカのどちらにも属しておらず、また独立もしておらず、国が国民を海外で守り、自国企業の利益を保障することができませんでした。アジアの海で琉球漁船が銃撃されたこともありました。照屋が琉球独立を主張した一因に、国として独立しないと海外で琉球人は安心して経済活動をすることができないという経験に基づく強い思いがあったのかもしれません。大国の一部になり、その庇護《ひご》を受けるのではなく、自分の国をつくり、国民を守るほうが、大国の都合で使い捨てされないですみます。

1958年に照屋は琉球に戻ります。東南アジアで培った人的ネットワークを活用して、ワニ皮製品、宝石、サンゴ、インド線香、更紗生地の総代理店契約を結び、那覇市の国際通りにクロコデール・ストア（後に「金宝堂」）を設立しました。シンガポールに出張所を設け、漁網、サンゴの輸出も行いました。さらに生まれ故郷の糸満に農水牧場「海の里」を設立し、ハマグリ、ウミガメ、コイの養殖、高級メロンなど亜熱帯果樹の栽培をするなど、多角的に事業を展開しました。

独立のための経済基盤とは

稲嶺恵一元知事は、琉球にとって「必要なのは釣った魚のお裾分けではなく、自力で獲物を捕れるようになるための釣りざおだ」（『日本経済新聞』2012年5月15日付）と語ったことがあります。ここでいう魚とはカネ、釣りざおとは、法制度上の特別措置などを指します。しかし、照屋は魚も釣りざおも自分の手で獲得しました。専門の漁業のほか農業にも自身の知恵と才覚によって進出しました。他者から、カネや、カネを生み出す道具をもらうことは、その分、他者によって利用されるスキをつくることになります。経済活動を自力で行うことで、他者に影響されない自立の土台をつくり、独立を実現することができるという信念を、みずからの生き方を通して示したところに、照屋独立論の強靭さがあります。照屋は琉球の経済について次のように述べています。

「基地収入という安易な麻薬に侵され、沖縄の住民も経済人も温室育ちとなった。自分の頭で考え自分の足で立つ力を失っている。
一年中ろくな手入れもしない砂糖キビとパイン以外に、なにがあるか。米軍基地の縮小が早まればどんな打撃をこうむるのか、先の見通しもないではないか。これではだめ。網元の娘として育ち、沖縄の水産王に嫁した私、県民に活を入れるのは私の責任でもある」（照屋敏子「エビとメロンで経済復興――沖縄の生きる道へ〝女の一念〟」『日本経済新聞』１９７１年4月10日付）
日本政府にカネや優遇措置をお願いばかりしていると、「自分の頭で考え自分の足で立つ」という自立の基盤を掘り崩すことになります。他人任せではなく、主体性、当事者性をもって琉球の経済を切り開くべきなのです。
「本土復帰はもう目前に迫り、本土政府はやつぎ早やに対策を打ち出しているが経済開発の手といえば公害企業を導入することくらいしか考えていないようにみえる。沖縄住民に不安が多いのも当然である。日本の最南端、亜熱帯の自然と海岸に恵まれた沖縄でなにが可能なのか、とことんまで考え抜いて手を打っているとは思えない。もう机上の計画はたくさん」（同前紙）
「復帰」を前にして日本政府が考えた経済発展策の柱は、石油備蓄精製基地（ＣＴＳ）の設置でした。観光業が発展した今では考えられないことですが、当時、日本政府は真剣に琉球を石油タンクの島にしようとしていたのです。その頃、「石油危機」といい、世界的に原油価格が高騰し、日本国内でもその備蓄や精製の必要性が唱えられていました。しかし日本国内では、公害反対運動が盛んであり、これ以上、備蓄基地が増やせない状況でした。そこで目をつけられたのが琉球です。

沖縄島東部にある宮城島と平安座島《へんざじま》のあいだの海が埋め立てられ、勝連《かつれん》半島と平安座島を結ぶ海中道路が整備されて巨大な石油備蓄精製基地が日本政府の肝いりで設置されました。日本で必要とされながらも、しかしその受け入れが拒否された米軍基地を琉球に移したように、琉球を石油の基地にしようとしたのです。安里《あさと》清信《せいしん》、平良《たいら》良《よし》昭《あき》らを中心にした「金武《きん》湾を守る会」が島の自然や生活を守ろうとしましたが、日本政府といっしょになって琉球政府も開発を推し進めました。その結果、原油流出、潮流の変化などで自然が破壊され、漁獲高が激減しました。時代の変化とともに、ＣＴＳの経済価値も低くなり、精製施設の撤去、従業員の解雇が相次ぎました。

照屋が指摘するように、これは完全な机上の計画でした。このような経済政策を日本政府は「復帰」以後繰り返しており、そのたびに琉球人に期待を抱かせながら、基地を押し付けてきました。日本政府の官僚は真剣に琉球の経済自立を考えてはいません。なぜなら、琉球が経済自立したのでは「アメとムチ」の政策で基地を押し付けることができないからです。その場限りの、いいかげんな、ネコダマシのような経済政策を「恩恵」のように琉球に与え、琉球人もそれを発展のための「釣りざお」だと信じてきました。

「私は一匹オオカミ、無視とちょう笑のなかで働いてきた。県民よ基地経済の怠惰におぼれるな、汗と泥にまみれた労働のなかにこそ、本当の繁栄の芽がある。役人やインテリが机上でプランをひねくるより、農民漁民こそが土と海と戦わなければならないときと思う。（中略）私は琉球が独立して成り立っていけると考えていたが、本土に組み込まれればドルの利点はなくなる。早く経済基盤を作らなければ再びイモとハダシに戻ると焦燥感にかられた」（同前紙）

照屋は琉球の経済基盤をつくるために、リスクを負いながらも「海の里」において新たな漁業、農業の発展に身を投じました。地道な産業発展の積み重ねが独立に結びつくのです。

骨くされ琉球人との闘い

照屋の言葉を、仲井真弘多前知事に聞かせてみたいものです。仲井真は日本政府のことを「お国」と言うのが口癖でした。東京大学工学部を卒業し、通商産業省（現在の経済産業省）に入省したのち、天下りをした沖縄電力の社長、会長になり、その後、沖縄県知事になりました。沖縄電力は琉球では電力供給の独占企業であり、その他の業種にも多角的に投資している琉球有数の大企業です。仲井真は典型的な、日本的な立身出世の人生を歩んだわけです。「お国」という言葉が象徴しているように、「日本政府の庇護を受けて生きていく」という琉球人の一つの特徴を、照屋は「骨くされ」と激しく批判しました。

次の言葉を読めば、照屋独立論の中心にくるのが強烈な琉球人アイデンティティであることが分かります。

「砂糖キビだけつくらせて、値段の問題になると世界の安いところを基準にして沖縄のものを叩くだろう。それなら、どうぞ他所《よそ》からお買い下さい、だよ。それにかわる農業を、太陽エネルギーを利用する農業を指導してやって下さいというのに、国民としての指導育成を忘れているでしょう。だから私は日本の国が大っ嫌いだというんだ。私は日本人である前に沖縄人ですからね。沖縄人は、太陽エネルギーを持っているだけ大金持ちなんだよ。銭《じん》と力がたりないから牛歩の歩みで遅れているんで、私の生きている限り沖縄をバカにさせないぞ、というのはそれですよ」（『青い海』89頁）

「復帰」して日本国民になりましたが、琉球人であるという意識は変わりようがないのです。日本政府から琉球がバカにされればされるほど、琉球人アイデンティティはますます強くなります。「私の生きている限り沖縄をバカにさせないぞ」と考える琉球人は最近、ますます増えてきているのです。

スピノザは次のように述べています。

「実に人間は国民として生まれるのでなくて、生まれてのちに国民にされるのである。その上、人間の自然的感情はどこにあっても同一である。ゆえにもしある国家では他の国家よりも悪が多く行なわれ、罪が多く犯されるとしたら、それはその国家が和合のために十分計らず、法制を十分賢明にたてず、したがってまた国家としての完全な権利を有していないということから生ずるのである」（スピノザ『国家論』岩波文庫、1976年、58頁）

琉球にたいして日本政府は十分な話し合いぬきで基地や軍隊を押し付けています。国民であれば当然受けるべきはずの、安全に、快適に生活する権利も奪われたままです。そこで「国民にさせられる」という感覚が生まれてきても当然ではないでしょうか。1963年に生まれた私は当時、日本国民ではありませんでした。米国民でもなく、琉球国民でもありません。琉球併合後の琉球人は日本人になるための同化教育を受けましたが、私も「復帰」のときに「方言札」という同化教育の対象になりました。

「イデオロギーよりもアイデンティティ」を訴えた翁長が知事に選ばれたことは、琉球人が日本人に同化されていなかったことを示すものです。1879年から109年間（米軍統治時代の27年間を除く）、同化政策が延々と行われてきましたが、結局は日本人に同化されず、琉球人意識を強く持つようになったのです。日本全体が他国、他者にたいして排外的な姿勢をとり、国内でヘイトスピーチが蔓延《まんえん》するほど、琉球人も攻撃や差別の対象になってきました。そうなると琉球人は被害者、被差別者として自分自身を考え、人間として生き、自分を守るために琉球人意識が強くなり、互いにまとまって差別者と闘おうとするのです。

戦前は琉球人個人にたいする差別が蔓延しましたが、今の問題はむしろ集団的差別です。琉球全体に基地をむりやり押し付けるという差別です。それは今に始まったことではなく、沖縄戦、米軍統治時代に琉球人が経験したことも集団的差別と言えます。歴史上、他の人類も同じような問題を抱えており、それを法的に解決するために集団的人権として「民族の自己決定権」という概念が生み出され、行使されてきました。それは国際法のなかで最も重要な権利であり、国連が形成された土台となった人間の権利です。

世界的に人権意識が向上し、環境保護運動や人権回復運動が盛んになっているにもかかわらず、日本政府は琉球人の民意を無視して基地をつくろうとしています。現在は21世紀ですが、日本政府はいまだに19世紀型の政治手法に固執しています。なぜ琉球人は辺野古新基地建設にそれほど強く反対するのでしょうか。それは、将来、埋め立て地は日本政府の国有地になり、琉球人の土地が奪われてしまうからです。みずからが所有する土地の権利に基づいた抵抗運動が封じ込まれ、基地がますます固定化されます。ですから、現在、米軍基地の土地は、民間人、自治体、国がそれぞれ三分の一保有していますが、琉球側が三分の二の土地の所有者として基地反対運動を展開することが必要なのです。

琉球の島は珊瑚礁によってつくられてきました。珊瑚が生きている限り、島もすこしずつ大きくなっており、人間のように成長しています。珊瑚の破壊は、琉球の島としての生命の破壊につながります。琉球人の魂のふるさとは珊瑚礁であり、そこでアイデンティティが形成されてきました。琉球人にとって珊瑚礁が民族の本源的価値の一つであることを日本政府は知らないのでしょうか。伊江島で米軍基地に反対した阿波根昌鴻は「金は一年、土地は万年」という言葉を残しています。一時的なカネに目がくらんで、万年にもわたるタカラを生みだす珊瑚礁を埋め立てようとする琉球人は、「骨くされ」と言われてもしょうがないのです。照屋は身をもってこのような琉球人を目覚めさせようとしました。

照屋の独立論は、「復帰」前に提示された他の独立論とは大きく異なります。瀬長亀次郎市長と対立した、琉球政府の当間重剛主席は、米国民政府によって任命されました。つまりみずからの統治に都合のいい人物を琉球政府のトップに据えたのです。1952年に琉球政府が設立されたときの主席も、親米派の比嘉秀平《ひがしゅうへい》であり、その時、当間は上訴裁判所首席判事という要職にありました。当間は反基地運動と結びついた復帰運動を毛嫌いし、「復帰」に反対し、独立を求める「沖縄人の沖縄をつくる会」という組織や琉球独立党を支持しました。独立を掲げる沖縄民主同盟の仲宗根《なかそね》源《げん》和《わ》は、反共主義の立場から瀬長を市長にすべきでないと呼びかけました。同じく、独立政党である琉球国民党の大宜味《おおぎ》朝徳《みちようとく》も反共主義者であり、キャラウェイ高等弁務官を独立後の政府要職に迎えることを考えていました。当時は冷戦時代の影響を受けた独立運動が展開されており、現在の琉球の独立論、独立運動とは大きく異なります。

琉球人の脳裏《のうり》に焼き付いて忘れられない写真があります。それは「平成の琉球処分」と呼ばれましたが、記者会見する石破茂自民党前幹事長のうしろに琉球選出の国会議員が座らされた写真です。日本政府に逆らう者は、このような晒し者になるのであり、涙を流して猛省しなければならないという国の意思を示したのです。国と沖縄県は対等な関係ではない、沖縄県や住民がどんなに反対しても国の威信にかけて新基地を建設するという力の政治を見せつけました。琉球人から見たら5人の議員は公約を破ったので「裏切り者」となりますが、日本政府にすると、反省し忠誠心を見せたとして評価の対象になります。琉球中心の価値観から日本中心の価値観への変更、つまり同化政策がこの場面でも展開されました。

戦後70年、日本政府や米政府にたいする忠誠心が評価され、両国によって経済的にも支援が受けられたため、「骨くされ」の琉球人があとを絶たないという現実があります。しかし、支配者の機嫌を損なわない人が評価される社会は、社会全体が骨くされ状態になり、支配者の思いのままの、息苦しい不自由な社会になります。そうなると琉球人だけでなく、日本人自身も自分の首をしめることになるのです。

第4章

独立したらどうなる？

第1節　島嶼国、小国であっても発展できるのか

島嶼経済問題をどのように克服するのか

世界中で島嶼国が誕生してきました。「島嶼」とは「大きい島と小さい島、つまり島々」を意味します。大きい島、小さい島、さまざまな環境の島々がある琉球は、独立したら島嶼国になります。

一概に島嶼と言っても、世界にはさまざまな種類の島嶼があります。地理学上の定義によると、海で囲まれた陸地のうち、グリーンランドよりも面積が狭い陸地が島嶼であるとされています。またシンガポール、香港、マカオなどのように、大陸や半島に近接し、橋やトンネルで電気、水が供給されて経済発展を進めやすい島嶼と、そうでない島嶼があります。

大陸地域や大きな消費地または生産地から離れ、面積が狭く、人口の少ない島嶼ほど、島嶼性から発生する経済問題が深刻になる傾向があります。台湾やシンガポールのように、輸出入の輸送量が多く、大市場に近く、輸出品の利益率が高いなどの諸条件を備えた島嶼においては、輸送費は問題にならなくなります。他方、小規模性、遠

隔性、隔絶性が顕著な島嶼においては、輸出入の輸送量も少なく、利益率の低い商品を遠隔の市場に輸出するために貿易赤字の要因になります。それゆえ海上輸送のコスト高が経済発展上のハンディキャップになるのです。

琉球は、日本の南の端っこにあり、国境の壁が高いという問題に直面しています。琉球が独立したら、すべての島が対外貿易を自由に行い、観光、投資、人の文化交流を促し、「孤島苦」を克服します。琉球では情報通信産業における投資や雇用が増大していますが、この分野の電子データ商品を輸送するためのコストはほとんどかかりません。インターネットを活用して世界中にソフト、メディア関連の商品を提供できます。またネットを活用すれば、在宅就業の機会も広がり、島のなかで雇用を増やすことも可能になります。

琉球は東アジアの中心に位置していることから、アジア物流のセンターとしての機能も強化され、那覇空港周辺には国際物流の拠点が置かれるようになりました。独立後は、税制上の優遇措置を充実させ、国際物流業への多国籍企業の投資を促します。島嶼経済の問題も、情報通信業や運輸業などにおける技術革新によって乗り越えることができるようになりました。

島嶼国は島々が海の上にあるため、居住地が分散し、島ごとに役所をおく必要があり、行政費が増大する傾向にあります。島嶼では全就業者のうち公務員が占める割合が大きく、公務員の給与水準が民間企業のそれを押し上げ、企業経営を逼迫させる要因になります。

琉球が独立したら、どのように行政費を削減できるのでしょうか。なにもかも行政にさせるのではなく、人々の自治の力を活用したらどうでしょうか。琉球の各地には公民館、自治会館があり、NPO・NGO、さまざまな地縁血縁の自治的な組織が活動しています。竹富島や久高島のように公民館において住民が話し合いながら、島の政治経済、行事、将来の方向を決めてきました。島々での政治は直接民主制が好ましく、中央集権体制を推し進めると、住民の意向とは乖離《かいり》した政治が行われます。地域住民の目で無駄な公共事業を減らすこともできます。現在は情報通信技術が発展しており、人工衛星やインターネットなどを活用して、遠隔医療、遠隔教育、遠隔行政手続きなどを行えば、行政費だけでなく、人々の交通費、教育費、医療費も大きく削減することができます。

小国のほうが発展する

琉球では、陸地面積が狭いので島内の移動は容易ですが、現在、鉄道がないため、自動車の渋滞問題が深刻であり、時間、燃料などのコストが余計にかかります。日本の都道府県のなかで未だに鉄道がないのは琉球だけです。これは行政的差別と言えます。独立したら、鉄道を整備して交通渋滞や交通事故を減らすことができます。

琉球は社会的なまとまりが強く、新しい技術や経済発展の方法を導入することが可能です。琉球でも地域社会が分裂することがありましたが、その原因の多くは日本政府が米軍基地を押し付ける過程で琉球人同士を対立させてきたことにあります。独立すれば日本政府からの内政干渉を受けないので、琉球人が分裂することは少なくなるでしょう。「いちゃりばちょーでー（出会えば兄弟）」を信条とする人が多い琉球人は、社会的なまとまりを強化して、改革を大胆に行うことができます。

琉球でも移民が多く、琉球人移民は歴史的にも経済的支援のネットワークを形成しました。沖縄戦後、荒廃した「母国」、琉球にたいしてハワイに移住した琉球人が資金や物資を大規模に贈る運動を展開しました。今日でも「世界うちなーんちゅビジネスアソシエーション」が組織され、世界各国に住む琉球人同士の経済的交流を促しています。

グローバリゼーションのなかで小国の政治経済的役割が増大しています。大国の一部となり、国境の壁による規制、中央政府からの法制度的な介入をうけ、画一的な政策の犠牲にならずに、独立して小国になったほうが、効率的に国の政治経済を運営することができます。近代国民国家の限界性が明らかになり、国境を越えた地域経済、ネットワーク経済の比重が大きくなっています。経済のグローバル化、貿易の自由化、情報通信技術の発展、ＮＧＯや多国籍企業の世界的展開などを活用すれば、琉球国は小国ではありますが、経済自立も夢ではありません。島嶼経済のデメリットを克服し、メリットをさらに伸ばすためにも、アジア経済のダイナミズムと琉球を直結させる必要があります。琉球は独立すれば、日本政府の介入や、日本の辺境という位置付けから脱して、アジアの経済的センター（物流業、情報通信業、金融業、観光業などにおいて）になることができます。

小国は国際市場へのアクセスなしには生き残れません。自由貿易主義が小国の経済政策の柱になりますが、しかしそれは自由放任主義ではありません。諸外国との貿易、投資を自由化したうえで、自国の企業、労働者の生存や発展を優先する法制度を確立します。琉球を、外国の企業や投資家のみが利益を稼ぐ経済植民地にしてはいけません。それでは国として独立する経済的な意味がありません。国家が有する経済政策の策定権、実施権を行使して、自国の民間企業や組織を育てるのです。その意味で、国民の福祉を重視しながら、経済発展も進めている北欧諸国の例が参考になります。市場原理主義ではなく、社会民主主義的な経済政策が、民衆を政治の土台とする琉球国に適しています。

現代の世界では、国家だけでなく、さまざまな政治経済的アクターが国際的に大きな影響力を及ぼしています。国連、世界銀行、国際通貨基金、アジア開発銀行、アジア・アフリカ会議、非同盟諸国首脳会議、NPO・NGO、多国籍企業などです。国の規模が小さくても、国がやるべき仕事をこれらのアクターに部分的にまかせ、これらの組織と協力して進めていくことが可能になります。小国が次から次に独立できた背景にはこのような事情があります。

独立のための条件として人口や面積の大きさは問題になりません。地域住民のアイデンティティが重要です。自分は何者なのか。統治者とは何が違うのか。「誇りある豊かさ」を享受しているのか。このような人々の意識の覚醒《かくせい》によって独立が決定され、それが世界から共感を得られれば、独立国として正式に誕生できます。

琉球は小国として独立しますが、その人口は増加傾向にあります。日本は人口減少時代に入っていますが、沖縄県の人口は、2013年10月1日現在で約141万であり、2005年と比較すると約3・6%の増加率になりました。特に若い人の数が多いというのも将来の発展の可能性が期待できます。

コモンズの経済の可能性

サモア人の経済学者、ティオ・フェアベーンは、島嶼の自立的発展を考える場合に、コモンズの経済（生存経済とも言う）が大きな役割を果たすと指摘しています。コモンズとは、人間が外部世界からの資源や資金に依存しないで、みずからの力で生きることができる生活空間です。コモンズの経済は、豊かな島や海、自然と人との共生を可能にする適正技術、そして相互扶助の関係性などを特徴とします。適正技術とは、その土地に根ざした、地域の人々が継承してきた在来の技術です。

島嶼地域が、大陸の発展途上国と比べて深刻な飢餓、紛争などの問題が少なく、政治的にも比較的安定しているのは、コモンズの経済が強固に存在しているからであると言えます。

コモンズのなかにある豊かな天然資源の多くは再生産可能です。島嶼国の収入源として注目されている観光業の発展のためにも、自然の維持、育成は不可欠です。近代化は避けることができませんが、急激な近代化は島嶼の環境を破壊するだけでなく、社会的結束力を崩壊させ、文化的価値体系を衰退させます。その結果、持続可能な発展が失敗に終わってしまうのです。コモンズの経済は、経済発展の動因を島嶼内部に据えるためのものであり、過大な輸入依存状況を打破するための手段です。

相互扶助の関係性などの共的管理、自治による地域づくりというコモンズを踏まえた社会発展計画が1973年に作成された「名護市総合計画・基本構想」です。これには島嶼のコモンズを島嶼社会の土台にしたうえで、近代的な産業の発展を促すという「逆格差論」が示されています。「本土との格差是正」を掲げる国主導の振興開発によって、発展の土台である自然が破壊され、近代産業である上部構造を肥大化させるという、いびつで従属的な経済構造がつくられ、島嶼の自然や社会の豊かさが大きく損なわれました。

2010年に、辺野古新基地建設に反対する稲嶺進が名護市長に選出されました。その後、基地賛成派の前市長に日本政府が約束していた米軍再編交付金の支出が中止されました。2014年の市長選挙の際、自由民主党は再編交付金を初めとする補助金の提供を示唆しましたが、稲嶺が再選されました。基地と結びついたカネに依存せず、辺野古のイノーを守り、「逆格差論」を踏まえた平和や発展の政策にたいする、稲嶺の政治姿勢を多くの市民が支持したのです。辺野古における反基地運動は、平和運動であるとともに、基地経済を拒否し、琉球のコモンズをこれ以上破壊させないための経済・環境運動でもあるのです。

琉球をコモンズ化するために次のような政策が有効です。ユネスコ世界遺産に琉球の島々を登録し、環境や文化を保持します。現在のように米軍基地があり、島、海、空で軍事演習が行われていたのでは、自然遺産には登録されません。独立後、一切の軍事基地は琉球から出て行ってもらいます。そして「海洋生物サンクチュアリ地帯」を琉球の排他的経済水域に設定します。琉球の海域でのマグロやカツオの漁獲高は一時代に比べて大きく落ち込んでいます。海洋生物の国内消費用の捕獲を除いて、一定期間、輸出目的での漁業を禁止とします。自然環境と生活との調和を具体化するのです。

第2節　独立後の琉球経済

日本政府からの補助金がなくても大丈夫か

振興予算のピークは1994年度の3524億円であり、それは大田昌秀知事の時代でした。大田知事が辺野古移設に明確に反対すると振興予算は減少しました。その後、辺野古移設に賛成する稲嶺恵一が知事に選ばれると、2000年度が3485億円、2001年度が3490億円に増加しました。しかし、稲嶺県政が日本政府とのあいだで埋め立て工法をめぐり対立し建設工事が中断すると振興予算は再び削減されました。民主党政権も辺野古移設を進めるために２０１２年度に一括交付金制度を導入し、２０１３年度には振興予算を３０００億円台に回復させました。その後、増加して２０１４年度は概算要求を上回る３５０１億円の大盤振る舞いとなりました。

そして、仲井真弘多前知事が辺野古埋め立てを承認した見返りに、日本政府は２０１５年度の振興予算の概算要求額を３７９４億円とし、８年間「毎年３０００億円台を確保する」と約束しました。しかし、翁長知事が誕生すると、安倍首相の「約束」は反古にされ、２０１５年度の振興予算は前年度比４・６％減の総額３３４０億円となりました。振興予算の減額は５年ぶりです。一方、防衛予算のうち、普天間基地の辺野古移設経費は２０１４年の７４０億円から大幅に増えて１７３６億円となりました。これまで日本政府が「アメとムチ」の政策で、いかに基地を琉球に押し付けてきたかが分かります。

「復帰」以後の振興予算、特に１９９０年代半ば以降投下されるようになった基地とリンクした振興予算がなくなっても琉球経済は問題ありません。振興予算は琉球側が米軍基地を受け入れることが条件とされました。反基地運動の激化、日米の安全保障政策の変更などで振興予算は増減したのであり、安定的に提供される資金ではありません。日本政府主導で策定、実施された開発計画では目標とされた経済自立はいつまでたっても実現しませんでした。

振興予算の9割は公共事業ですが、その半分は日本の大手建設会社が受注しています。観光業、小売業、レンタカー会社などにも日本の企業が進出しています。米軍基地内の建設工事には100億円の保証金を準備できる会社しか参入できません。琉球には中小零細企業が多く、このような大金を用意できず、日本の大手建設会社が基地内の建設工事も受注しています。経済活動が琉球で行われても、収益は本社がある日本に還流するという植民地経済が形成されています。振興予算がどんなに増えても、それは琉球の植民地構造を強化するだけでしかありません。

そもそも琉球は日本政府からふんだんにカネをもらっているわけではありません。2012年度において沖縄県の一人当たりの公的支出額は全国都道府県中17位です。県民が国に支払う国税にたいする補助金の割合（受益率）は2・5倍で全国16位です。2013年度の沖縄県の国庫支出金は全国11位、地方交付税交付金も含めた国からの財政移転は全国17位です。

振興予算のなかには本来国がすべき事業も含まれ、かさ上げされています。沖縄島の恩納村にある沖縄科学技術大学院大学はノーベル賞を受賞できる研究者を養成することを目的としています。本来なら文部科学省の予算で設立され、運営されるべきですが、「沖縄の振興」とリンクさせられ、その関連予算は振興予算から投じられています。

ケビン・メア元在沖米総領事は「沖縄はゆすりたかりの名人」と言いました。また日本人国会議員のなかにも「沖縄は甘えている」と批判する人がいます。しかし琉球が突出して日本から公的資金をもらっているわけではなく、「甘えている」という批判はあたりません。広大な基地を押し付けている日本政府のほうが琉球に「ゆすりたかり、甘えている」のです。

独立前に比べて独立後の経済レベルが維持されるのかと心配する人もいますが、現在の経済はもろい土の上に咲いたあだ花に喩えられます。振興予算は日本政府の都合で増減し、基地の固定化が条件付けられています。琉球の人や企業を主体にした経済政策でなく、「主体なき開発」なのです。どれほどカネが投じられても、利益は外に流れる植民地経済が強まるだけです。このような植民地経済を抜本的に変えるためにも独立が必要なのです。「**琉球人の琉球人による琉球人のための独立**」によって経済を自立化することができるのです。

基地経済がなくなってもいいのか

琉球、グアム、ハワイなどの島嶼は地政学的拠点として位置付けられ、基地の固定化や拡張と振興開発とが否応なくリンクさせられてきました。グアムへの在琉海兵隊移設にともない、同島においても日米両政府から開発資金が投じられました。琉球やグアムにおいて「振興開発の軍事化」と呼べる状況が顕著になっています。島嶼経済が安全保障上の「抑止力」概念と並行して論じられ、関係付けられました。振興開発と結びついた軍事基地は、島嶼民の安全、生命、生活に計り知れないコストとなり、「振興開発の軍事化」は島嶼民の経済主権をも奪い、経済自立の実現を阻みました。

琉球が独立すると米軍基地がなくなります。しかし現在、県民総所得のうち軍関係受取（基地経済）は5％程度でしかありません。軍関係受取の内容は、基地への財やサービスの提供、軍雇用者所得、軍用地代、軍人や軍属やその家族の消費などです。ですから、これらが消滅しても琉球経済は大きく揺らぐことはありません。軍雇用者数は約9000人ですが、琉球全体の就業者数約64万人（2013年）の一部でしかなく、他業種への転職が可能な規模です。駐留軍等労働者は、専門技能を有する人材が多く、他の産業でも必要とされるでしょう。

日本政府から提供される振興予算、軍用地代、思いやり予算などは、琉球人が米軍基地に忍従するという条件がつきます。基地が存在することで、経済自立だけでなく、琉球の政治的・精神的自立が侵害され、生命や生活の安全が脅かされるのです。

これまで返還された米軍基地跡地の経済効果をみると、独立後、全基地がなくなったほうが琉球の経済が発展することは明らかです。なぜなら、基地は島の平地を占拠しており、平地は経済活動をするうえで不可欠な要素だからです。

２０１３年における那覇新都心地区（おもろまち）に立地するサービス業は、年間、１９１８億円の売上高、２０８２億円の生産誘発額を生み出しています。その他の米軍基地の跡地である、那覇市小禄金城、北谷町《ちゃたんちょう》、読谷村などでも、数十倍以上の雇用効果、税収効果、経済効果が生まれました。

琉球の経済が総体的に発展していくなかで、広大な平地を占める米軍基地は発展の阻害要因であると意識されるようになりました。琉球の主要産業である観光業は、島が「平和」でないと成り立たない産業です。米軍がどこかの国と戦争をしたり、テロリズムの対象になれば、琉球の観光業は大きな打撃を受けるのです。実際、９・11米国同時多発テロの時には琉球への観光客が激減しました。アジア諸国との経済連携を推進するためにも、米軍基地は不要であり、経済的にも非合理的な存在なのです。

そもそも振興開発とはなにか

振興開発は琉球を甘やかすものであると発言する日本の政治家があとを絶ちません。日本政府は、振興開発を次のような理由から琉球に提供してきました。

❶沖縄戦における被害と、その後27年間米軍統治下におかれたこと（歴史的事情）

❷日本から遠隔の地にあり、広大な海域に多数の島々が点在していること（地理的事情）

❸亜熱帯地域にあること（自然的事情）

❹国土面積の0・6％の琉球に在日米軍専用施設・区域の74％が集中していること（社会的事情）

沖縄戦は、連合軍を少しでも長く琉球にとどめておいて、「本土決戦」を遅らせるために行われました。その結果、約15万人の琉球人が死亡し、生活や経済の基盤が徹底的に破壊されました。その後、日本から行政的に切り離されたために、日本政府の国費をもって戦後復興が実施されませんでした。米軍統治時代の27年間、国庫補助金、地方交付税なども提供されませんでした。

亜熱帯性気候であるため、台風の被害も受けやすい土地柄です。また、狭い琉球の島に74％の米軍基地が存在することは、経済のみならず、社会全体に大きな被害を与えています。❶～❹までの特殊な状況下におかれた琉球は振興開発を受け取る当然の権利があります。それを米軍基地を押し付けるための手段として利用している日本政府は、振興開発の本来の理由と目的を見失っています。日本政府が、米軍基地を押し付け、振興開発を基地の固定化とリンクさせる政策を実施し続けるならば、それも理由の一つとして、琉球は日本からの独立を主張することができます。

開発手法にもさまざまな問題があります。振興予算の約9割は公共事業費です。産業連関表でみると、琉球において建設業の波及効果はセメントの窯業、飲食店やホテルのサービス業という一部産業に限定されています。日本とは違い、琉球は製造業の割合が小さく、公共事業と他の産業との連関効果が乏しいという問題を抱えています。公共事業費が増大しても、建設業以外の他産業への波及、経済全体の底上げ、雇用の増大という乗数効果が小さいのです。公共事業の半分は日本企業が受注し、その利益が日本に還流するという植民地経済の問題もあります。

振興予算で行われた土地改良事業において、日本と同じ画一的な土木工法が実施されました。その結果、赤土が海に流出し、珊瑚礁が破壊されました。振興予算による埋め立て、赤土汚染で沖縄島周辺の珊瑚礁の90％が破壊されてしまったのです。振興予算によって市町村にハコモノ施設が建設されましたが、その維持管理費は自治体の負担になるため、結局、財政赤字を抱えてしまうという問題も発生しました。開発の起爆剤と呼ばれた特別制度も期待通りの成果を生みませんでした。自由貿易地域、特別自由貿易地域、金融特区、ＩＴ特区が整備されても、企業にとって魅力のある「優遇措置」でないため、投資が少なく、開発地域に閑古鳥が鳴くという状況が生まれています。

振興予算が実施されて２０１５年で43年になります。これはさまざまな問題を抱え、制度疲労が目をおおうばかりですが、抜本的な改革が行われず、基地押し付けの手段として日本政府に利用される代物に成り果てています。

日本も巨額の累積債務を抱えており、財政状況が悪化しているなかで、振興予算のように目的外のこと（米軍基地の押し付け）に使用されている公的資金は廃止すべきではないでしょうか。しかしそれには条件があります。米軍基地の琉球からの撤去と、沖縄戦、米軍統治時代に琉球人が被った損害を補償するための基金創設などです。米軍基地を固定化し、その機能を強化しながら、振興予算だけを減少させたら、琉球人の独立運動はますます激しくなるでしょう。

振興予算によって、次のような施設やインフラが整備されました。国立沖縄工業高等専門学校、国立劇場おきなわ、沖縄県立博物館・美術館、沖縄都市モノレール、美ら海水族館、那覇空港自動車道、平和の礎《いしじ》、首里城公園、那覇空港ターミナルビル、新都心地区整備、沖縄コンベンションセンター、沖縄自動車道（高速道路、全線）。その他の基本的なインフラもほぼ建設されました。

琉球が独立して経済発展するための土台は振興予算によって整備されたとも言えます。

独立したほうが経済発展する

現在、国民年金を払っている琉球人、またはすでに受け取っている琉球人は、琉球が独立したら年金はどうなるのかと、不安に思うかもしれません。しかし国民年金は、必ずしも日本国民だけの制度ではなく、日本に住む外国人も利用しており、受給資格があります。琉球が独立すると琉球人は日本にとって外国人になりますが、そのまま年金を受け取ることができます。また琉球が独立するさいに、日本国と社会保障協定を締結すれば、琉球国の年金制度にそのまま移行することが可能です。もし同協定を締結しないと日本政府が嫌がらせをしたら、国際司法裁判所、または国連に訴えればいいのです。現在、民間会社の年金の加入者が増えていますが、琉球が独立しても個人年金を受給できることは言うまでもありません。現在の日本の年金制度は破綻しているという指摘もあり、受給年齢が繰り上がり、給付額も減少すると予想されています。琉球国のほうが日本よりも充実し、安定した社会保障制度を国民に提供できるかもしれません。

「本土並み」を唱えてきた琉球は、年金制度をはじめとする日本のこれまでの社会制度をモデルにしてきました。しかし、日本国の借金は世界的にみても異常にふくらみ、少子高齢化が進むなかで、経済成長にも陰りがみえ、社会制度の抜本的な再設計が迫られています。「本土並み」になれば安泰であるという時代はすぎました。琉球人みずからの頭や力で法制度を考え、実施していかなくてはなりません。

モナコ公国の人口は約4万人であり、同国には所得税、市民税、固定資産税、相続税がありません。そのような国や地域が琉球内にあってもいいのです。その領土の人々が自己決定権を行使すれば、自由に税制度をつくることができます。モナコだけが例外ではなく、世界にはそのような国がいくつもあります。

非武装国家のリヒテンシュタイン公国の人口は約4万人です。スイスと関税同盟を締結し、通貨はスイスフランを利用しています。琉球も隣国と関税同盟を結び、他国の通貨を利用することもできます。モナコやリヒテンシュタインは、約5万人がそれぞれ住んでいる宮古島や石垣島よりも人口が少ないのです。

独立すれば、独自な税制を導入し、通貨や国債を発行できます。デフレやインフレから国を守るために通貨の流通を調節する金融政策を、連邦政府と中央銀行が協力しながら実施します。

将来はアジア共通通貨の創設を琉球がイニシアチブをとって進めます。アメリカの妨害を許しません。琉球から米軍基地が一掃されるので、アジアにおけるアメリカの影響力は目にみえて弱くなるでしょう。ただ、日本が米軍基地を増やさなければという条件付きですが。EUのユーロに匹敵するアジア共通通貨が流通すれば、琉球はアジアにおけるブリュッセルのような役割を果たすでしょう。関税や輸入数量制限の撤廃を行い、アジア内での貿易、投資、生産、消費を増大させます。また、琉球は国連アジア本部や世界的なNGO本部を誘致して平和や人権のセンターになりますので、アジアのジュネーブと呼ばれるかもしれません。アジアの平和や発展と、琉球のそれとは一心同体の関係になるのです。

人口140万の小国が本当に独立して「メシが食えるのか」と不安に思う人がいるかもしれません。しかし、琉球がおかれている状況や国際環境をみると発展しないほうがおかしいのです。基地反対運動、言語復興運動を通じて琉球人アイデンティティが強固になり、琉球内がまとまって革新的な経済政策を実行し、世界の経済変動にもすばやく柔軟に対応することができます。琉球は世界経済第2位、第3位の国に隣接しており、韓国、台湾、東南アジア諸国のように経済発展が著しい国々とも近く、これらとの経済的ネットワークを拡げ、深めることが可能だからです。

琉球はアジア諸都市へのアクセスもよく、さまざまな言葉を話せるバイリンガルの人も多く、アジア経済のセンターになる潜在力があります。預金利息税ゼロ、法人税・所得税・相続税の軽減または廃止などの優遇措置によってアジア富裕層の琉球移住を促します。また金融業、物流業、情報通信業などを中心とした企業にたいする支援策を実施して、琉球を、かつての琉球国のような中継貿易地、スイスのようなオフショア金融センターにします。

琉球がアジアの経済的なセンターになれば、アジア各地の優れた技術や人材そして資金を集めて、世界が注目する新たな商品やサービスを開発、輸出できるようになるでしょう。ＩＴ、バイオ、研究開発、プライベート・バンク、投資信託商品の開発、健康食品加工、医療ツーリズムなどの多様な観光業、アジア諸国を迅速につなぐ物流業など、琉球が発展する分野は数えきれないほどあります。

中央政府から「規制緩和」と称してこれまで行われてきた特例、特区、特別制度などは、ほとんど失敗に終わりました。なぜなら、これらの法制度をつくった日本政府の官僚は琉球のことをほとんど知りませんし、また本気で琉球の経済発展を願っていないからです。琉球が経済発展して、さらなる発展のために基地撤去を言いだしたら日本政府が困るからです。

「恩恵」としてそれらの法制度を、交渉の末にもらうのではなく、自力で開発し、運用していくのです。失敗の責任も当然、琉球が負います。失敗しないために真剣に経済政策を考え、実行しようとするでしょう。現在の振興開発体制では責任の所在が明らかでなく、国も県もだれも開発の失敗の責任をとろうとしません。それも日本政府主導の振興開発が失敗した原因です。琉球が日本の支配下におかれる限り、このような「政府の失敗」は続きます。ですから、琉球は「誇りある豊かさ」を実現するためにも独立する必要があるのです。

第3節　非武装中立の連邦共和国へ

島嶼社会にふさわしい連邦制

面積が狭く、人口が少なく、海によって経済的中心地から隔絶されている島嶼は経済発展上、さまざまな問題に直面しています。他方で島嶼には豊かなコモンズの経済が存在しており、それに生活の基盤をおいて「孤島苦」を乗り越えてきました。コモンズの経済は、独自な風土、文化、自然、歴史そして相互扶助の共同体を生み出し、島人のアイデンティティ形成の土台ともなりました。

島嶼内外に目を凝らしてみると、そこには多様な関係性の網が張られていることが分かります。自然と人、神と人、人と人、人と社会などの緊密な関係性によって、島嶼と外部世界が結ばれ、島嶼内の共同体が育まれてきました。関係性という網の模様は島ごとに違いがあり、そこから島嶼の個性が生まれます。欧米諸国をモデルにした単一の発展の方法ではない、複数の社会経済の発展、つまり島嶼ごとの「内発的発展」の道を見いだすことができます。

琉球国が連邦制を採用すべき理由はここにあります。中央集権体制ほど島嶼国に反した制度はありません。なぜなら、島嶼の生活、生存条件は島嶼間で違いがあるからです。島独自の神話、歴史、制度、習慣、祭り、自然生態系があります。沖縄島那覇の経済発展の方法をそのまま西表島に適用できません。島ごと、諸島ごと、大きな地域ごとに連邦制を導入して、その地域の人々の意志が直接反映できるような政治制度が島嶼社会にふさわしいのではないでしょうか。すべての沿岸国は２００海里の排他的経済水域を設定することができます。同時に各州の地先の海にたいしては州政府の管理権が及ぶべきです。中央政府とともに、各州にも政府、議会、裁判所をおいて、分権化をおしすすめ、直接民主主義制度が地域社会に根付くようにします。

現代資本主義社会のなかの島嶼は、その経済全てをコモンズ的に機能させることは不可能です。他方で、コモンズを島嶼から排除し、市場経済の原則を貫徹させると、島嶼の土地が外部の企業や人に買収されるなどして、「主体なき開発」と他者による経済支配が拡大することは目にみえています。

琉球はかつての王国に戻るのではなく、共和制を採用するでしょう。沖縄島、そのなかでも那覇市を中心に他の琉球の島々が従うという政体ではなく、「一島独立」を理念とする連邦制が島嶼国に適しています。琉球連邦共和国として独立するかどうかは、島それぞれの住民投票で決定されるでしょう。八重山諸島、宮古諸島または西表島、与那国島だけで独立国になるのかもしれません。大きな国になることが独立の目的ではなく、琉球人が生活している島で平和と発展を実現できることが重要なのです。琉球文化圏という歴史的、文化的、自然的な共通の土台を踏まえて独立したいと考える人々が住む各州によって、琉球連邦共和国が構成されます。

欧米諸国は太平洋やカリブ海の島々がまとまって、より人口が多く、面積が大きい国になることを望みました。しかし、島々は大国の案を拒否して、それぞれで独立して、互いの協力関係を強めるという方法を選びました。国が大きいかどうかではなく、いかにして国民が直接みずからの力で国をつくり、民衆の意思を国の運営に反映できるのかが重要です。琉球国の連邦制もまさに島々の自己決定権を保障するものでなければならず、それによって「**琉球人の琉球人による琉球人のための独立**」も可能になるのです。

琉球独立は、自分の存在や意見を無視されたくない、みずからの考えで現在や未来の琉球をつくりたいという人間が本能的に持っている欲求に根ざしています。

島のなかの海

トンガの作家、人類学者、政治家のエペリ・ハウオファは島と海との関係について次のように述べています。

「大陸の人である西欧人は『海のなかの島』として島嶼を位置付け、島嶼は中心地から離れ、孤立していると考えた。そして、海に国境線を引き、島嶼を植民地化する過程で島嶼民を狭い空間に閉じこめた。一方、島嶼民は『島のなかの海』と唱えて、島と海との緊密な関係を強調した。彼らは国境線のない海を自分の家となし、島嶼間を自由に行き来し、交易を行ない、親族関係を結び、または他の島の人と戦った。島が『小さく、貧しく、そして孤立している』という状態が生じ始めたのは、19世紀における大陸の人達による植民地化以降のことであり、それは歴史的につくられたものである」(Hau'ofa, Epeli. *Pacific News Bulletin*, March, 1994, pp.8-9. 松島訳)

このハウオファの言葉には、島と島、人と人とを結びつけていた海の上に、植民地支配後、人為的に国境線が引かれたことで、島の孤立化が始まったという歴史認識があります。つまり外に開かれた開放系の海から、大国によって支配された閉鎖系の海にかわったのです。

現在、島嶼と外部世界とを結ぶ「道」として空路と海路があります。航空機が発展する前の時代において、海が島嶼と外部世界をつなぐ道でした。島嶼民はカヌーに乗って自由自在に他の島を訪問し、生活空間を拡げました。琉球も王国時代、進貢船に乗ってアジア各地を訪問し、外交活動、貿易活動を行い、中継貿易の拠点としての存在感をアジア諸国から認められ、琉球人は「レキオス」と尊敬の念をもって呼ばれていました。しかし、1609年に島津藩が琉球を侵略して、間接統治をした直後、まず実施したのが自由な貿易や航海の禁止でした。1879年の琉球併合の時に、琉球は日本の国境内に取り込まれ、南の周辺地域となり、「孤島苦」に陥るようになったのです。

海をまたぎ、国境を越えた経済活動が展開されている地域として、カリブ海諸島があります。1968年にCARIFTA（カリブ自由貿易連合）が発足し、域内関税の自動的一括引き下げ、対外共通関税が設定されました。そして、同連合は1973年にはCARICOM（カリブ共同体・共同市場）に改組されました。

２０１３年現在のＣＡＲＩＣＯＭの加盟国・地域は次の通りです。アンティグア・バーブーダ、バハマ、バルバドス、ベリーズ、ドミニカ国、グレナダ、ガイアナ、ハイチ、ジャマイカ、セントクリストファー・ネーヴィス、セントルシア、セントビンセント及びグレナディーン諸島、スリナム、トリニダード・トバゴ、モントセラト。加盟国の大半は島嶼国であり、アメリカ大陸の小国と連携しながら経済統合を進めています。

ＣＡＲＩＣＯＭは、加盟国・地域間の貿易関係の強化、共同市場制度の設立、経済統合、外交政策の調整、共通のサービスや事業の実施などを目標として掲げ、実行しています。特に１９８０年代後半以降、ＣＡＲＩＣＯＭ内で経済統合強化の動きが強まり、現在、サービス、資本、人の自由移動という共同市場（ＣＡＲＩＣＯＭ単一市場・経済：ＣＳＭＥ）の２０１５年内の実現を目指しています。

現代社会において、政治より経済、国家より地域、制度より人、閉鎖性より開放性が重要になってきたことが、シンガポール、香港、台湾など、アジアの島嶼地域での急激な経済発展を可能にしてきました。島嶼の開放性を実現させるものは、航空、海運のネットワーク化や、情報、通信のネットワーク化であり、それらによって島嶼が物産や情報の発信や輸出入、投資に大きく道を開くことが可能になります。

世界経済において島嶼国が脚光を浴びているのも、ボーダーレス時代という世界史の転換点に人類がきているからです。このような時代状況を利用しうるのは一部の島だけに限定されません。世界はグローバル化の時代を迎え、国境の壁がかつてないほど低くなり、島嶼国や小国の発展を可能にしています。カリブ海諸島のように、琉球とアジア太平洋の他の島々、地域、国との経済的な関係を強化することで、島嶼性から発生する「規模の不経済」を克服することができます。独立によって「海のなかの島」から「島のなかの海」にかえて、人口減少、雇用問題、基地の強制などの「孤島苦」を解決することができます。

ＥＵ形成の出発点は、ルクセンブルク、オランダ、ベルギーが１９４８年に発足させたベネルクス関税同盟です。つまり、欧州の小国が欧州の平和と発展を希求して欧州同盟が生まれたと言っても過言ではありません。ルクセンブルクという小さな国に、欧州司法裁判所、欧州会計検査院、欧州投資銀行、欧州議会事務局などのＥＵの主要機関があります。これまで何度となく戦争をしてきたフランスとドイツが将来、戦争をしないようにすることが、小国の安全と生存を保障することにつながります。

琉球も、東アジアにおける戦争によって最も被害を受ける恐れが大きい場所の一つです。戦争回避のために琉球国は欧州の小国の例にならって、アジア共同体（Asian

Community）機構の設置を積極的に働きかけることを外交政策の柱とします。アジア共同体も、EU、CARICOMのように関税同盟、共通通貨、共通政策を実現することで、琉球のような小国は平和と発展を実現することが可能になります。アジア諸国を分断し、その統合を阻む要因がいくつかありますが、その最大の要因である米軍基地を琉球が独立して一掃すれば、アジア統合も夢ではなくなります。

どうする？　尖閣諸島問題

２０１２年、日本政府は尖閣諸島を国有化しました。中国の鄧小平による「棚上げ論」を日中両国政府は守って、これまで尖閣諸島は大きな緊張関係を生みませんでした。しかし日本政府が国有化政策を実施してから、中国の艦船や軍用機による領海や領空の侵犯、航空識別圏の設定、宮古・八重山諸島への自衛隊基地の設置、日米両軍による島嶼防衛共同訓練の強化、自衛隊内の海兵隊創設やオスプレイ導入など、尖閣諸島を起点として琉球で戦争が勃発する危険性がこれまでになく高まりました。

日本が国有化という手段を行使するまでは、実質上、どの国も尖閣諸島における所有権を確保せず、実質的に無主の地であったと言えます。しかし、国有化により尖閣諸島が日本政府の所有物とされたために、島々が希少財になりました。希少財になった尖閣諸島は、国や人の欲望の対象となったのです。そして国家や国民の所有欲にかられて日中両国は軍事的な勢力拡大競争を尖閣諸島を起点にして激化させました。

国有化にいたる過程で、東京都による個人地主からの土地買い上げがあり、日本全国から買い上げ資金が募られました。尖閣諸島の土地にたいする価格付けが明確となり、市場の論理が機能し始めました。東京都の所有物から日本政府の所有物に切りかわる過程でも、希少財としての尖閣諸島の性格が明確になりました。

なぜ尖閣諸島が国有化されたのでしょうか。日本、中国、台湾間のナショナリズムの高揚という政治的な原因だけではありません。琉球を日本の領土として確定するという日本政府の欲望が、琉球の有人島を越えて、無人島の尖閣諸島まで拡大したのです。

他方で尖閣諸島の国有化は、琉球人と同諸島との関係性を切断し、日本政府、日本人の管理権や発言権を強化することをも意味します。尖閣諸島は琉球王国時代に琉球の進貢船が中国に行くさいの目印とされ、琉球人に認識、記録された島々でした。近現代においては琉球人がその島々で居住し、働き、近海で漁をした場所なのです。江戸時代に日本は尖閣諸島と直接的な関係はなく、日本が琉球を併合したことによって、尖閣諸島を手に入れたにすぎないのです。

国有化によって、尖閣諸島は琉球人を越えて、日本国民全体のモノになったとされました。民主主義制度の多数決原理に基づき、日本全人口の１％程度でしかない琉球人の意志が無視され、日本政府によって尖閣諸島のあり方が決定されるという体制になったのです。日本の「抑止力」とされる米軍基地が、琉球人の意志に反して長い間琉球に押しつけられている構図と同じです。

尖閣諸島問題が激化すればするほど、琉球が戦場になる恐れが高まります。再び琉球が戦場にならないためにはどうすればよいでしょうか。それには琉球が独立して外交権を持ち、東アジアの国々と交渉して、尖閣諸島、その周辺海域、海底資源を、国境を越えた東アジアの人々のコモンズにする必要があります。尖閣諸島を共同所有、共同管理のコモンズにするのです。尖閣諸島にたいする各国の所有欲や独占的使用権を否定する、つまりコモンズにすれば、同諸島の希少性も生じません。「国有化↓希少財化↓欲望の対象化↓軍事的緊張↓戦争」という悪の循環を超克する方法が、島や海のコモンズ化なのです。

尖閣諸島にたいする各国の所有権を棚上げすることで、東アジアの平和が実現します。コモンズ化のメリットの一つは、コモンズを共同管理する人々の関係性を強化することにあります。経済学には「限界効用逓減《ていげん》の法則」という法則があります。それはモノの効用はモノを使えば使うほど減少していくことを意味します。尖閣諸島を国有化して、日本のモノにし、海底資源を開発すれば、いつかは海底資源も枯渇します。日本政府による国有化確定の過程において中国との政治経済的摩擦が発生し、貿易、投資、消費、観光客などの減少という経済的損失が発生しました。さらに、尖閣諸島をめぐって紛争が勃発して琉球が戦場になれば、沖縄戦のように再び琉球人の生命が奪われ、生活の基盤が破壊され、琉球人にとって取り返しのつかないことになります。

尖閣諸島を国の所有とし、独占的に管理し、利用することで、モノとしての同諸島の効用は確実に逓減します。他方、コモンズ化によってもたらされる国際的な関係性の強化により、日・中・台・琉間の政治経済的交流が盛んになり、相互の貿易、投資、消費、観光客なども増加し、人々の文化交流も進み、東アジアに平和な空間が生まれるでしょう。尖閣諸島のコモンズ化を軸にして、カリブ海諸島地域のように東アジアにおいても共同市場を形成することも不可能ではありません。東アジアにおいて平和と発展を実現できるのは琉球国しかないのです。

非武装中立の国になる琉球は武力ではなく、交渉力、外交力だけで平和をつくりだす主体になります。東アジア、またアジア全域における平和会議を積極的に琉球で開催し、国連アジア本部、国際的ＮＧＯ、国際機関の諸機関を琉球に誘致します。そして平和的に尖閣諸島問題を解決します。国連本部はニューヨーク、国連欧州本部はジュネーブにありますが、世界的に大きな影響力を持っているアジア地域にはまだ国連本部が置かれていません。戦後70年、平和を希求してきた琉球は国連アジア本部の設置運動を積極的に行うべきです。

尖閣諸島問題は、日本政府の同諸島国有化策によって発生しました。「棚上げ論」は同諸島のコモンズ化であり、双方の利益に繋《つな》がりました。日本政府は18～19世紀的な価値観に基づいて外交を展開しています。それは時代錯誤的であり、このような政策によって被害を受けるのは琉球なのです。

「抑止力」は日本のため

琉球国は非武装中立国を目指しますが、そのさい、基地がなくなっても安全なのかという批判が必ず出てきます。日本政府は、米軍基地は日本の安全の「抑止力」になると琉球人に常に言ってきました。しかし琉球人の多くは基地によって自分が守られて安全だとは考えていません。もしも米軍が抑止力であれば、全琉球をあげて辺野古新基地を歓迎するはずです。基地の主な構成員は米軍人です。沖縄戦、米軍統治時代、そして今日まで軍隊は住民を守らない、つまり抑止力ではないという事実を、琉球人は体験を通じて嫌というほど知っています。日本人の大部分は軍事基地の実態を知らないのか、または忘れているので、「米軍=抑止力」という虚構の論理に従ったままなのです。

抑止力とは、他国からの侵略を防ぐための軍事力と考えていいでしょう。しかし日本と琉球とは歴史的な前提が根本からして違います。琉球はすでに日本という他国の侵略を1609年と1879年に受けました。米軍は琉球にとって抑止力ではなく、琉球にたいして植民地支配をしてきた存在です。そして現在でも、米軍は日常的に琉球人にむかって暴力をおよぼしています。

日本の首相や日本人の大部分の人は、日本が侵略されたら米軍が日本人のために血を流して守ってくれるだろうと期待しているようです。しかし、琉球の現状をみると、米軍が住民を守るとはとうてい思えません。2004年に普天間基地所属の軍用ヘリが沖縄国際大学に墜落したとき、「事件現場」で米軍のなかにはトランプに興じている軍人がいました。米軍はしばしば琉球人を殺害し、レイプしており、同じ人間として琉球人をリスペクトしていません。日本のために米軍が戦闘をするかどうかは、米連邦議会での採決が不可欠であり、米大統領の「口約束」だけで米軍が出動することはありません。

米軍基地はもともと共産主義の脅威の防波堤として琉球に築かれました。しかし今、冷戦時代は終了し、ソ連は解体し、中国は資本主義的な改革路線を邁進しています。「イスラム国（IS）」やテロなど、新たな脅威の出現により、琉球に軍事基地をおく地政学的根拠は失われています。実際、米軍は琉球に常駐しているのではなく、ローテーションでアジア太平洋地域を移動しています。アメリカは海兵隊の実動部隊をグアムに移設しようとしており、琉球の軍事的役割はすでに終わったと言えます。そして実際、過去において米政府は琉球からの米軍基地の日本を含む琉球以外の場所への移設を何回か提示しましたが、日本政府がすべて拒否しています。その理由は琉球のためではなく、日本の抑止力のために米軍を使いたい、そして琉球の植民地支配を続けたいと日本政府が考えていたからではないでしょうか。

琉球は非武装中立国になる

琉球独立後、日本は米軍基地を引き受けるのでしょうか、それとも廃止するのでしようか。いずれにせよ日本人は米軍基地問題を自分の問題として考えるようになるでしょう。日本政府が目指している戦争ができる国が実現したら、琉球は否応なしに戦場になる可能性が高まります。日本のような好戦的な国から早く出たいと考える琉球人が多くいても不思議ではありません。琉球は非武装中立国として、アジアを平和にするための活動や諸機関の設置を推進し、和平会議を開催するなどして、日本が戦争をして日本人が再び塗炭《とたん》の苦しみをなめないように、ブレーキの役割を果たすでしょう。

琉球は日本国憲法ではなく国際法に基づいて独立を達成します。ただし独立後、あまたの戦いの末、ようやく手に入れた〝人類の叡智〟〝人類の宝〟である「日本国憲法9条」を琉球国が引き取り、それを「琉球連邦共和国憲法」の第1条とし、平和を全世界にアピールします。戦争や軍隊の悲惨さが嫌というほど骨身にしみている琉球人だからこそ、日本が実現できなかった「平和国家」になることができるのです。

非武装中立という琉球の平和思想はどのように生まれたのでしょうか。

琉球は日本やアメリカから各種の暴力によって恐怖を与えられました。また振興予算という「恩恵」で日本は琉球を取り込もうとし、琉球人も日本やアメリカの統治に従って生きようとしました。「暴力と恩恵」によって日本やアメリカは琉球を支配することができたのです。琉球人は身体的にも精神的にも日米の従属下におかれました。しかし、日本やアメリカの自己益に基づく琉球支配の実態が明らかになるとともに、人権意識が高まり、日米にたいする恐怖、希望（期待）がなくなり、琉球はみずからの権利として平和を享受する権利を主張するようになりました。

琉球が独立するのは琉球人共通の恐怖と不幸を取り除くためなのです。琉球は国家になることで、基地を廃止するための交渉権を手に入れることが可能になります。沖縄県知事のままでは、米大統領、国防長官、国務長官に会うことさえできません。国家になれば国連の加盟国として世界に訴え、国際的な組織においてロビー活動をして、国際法によって基地を全廃できます。

非武装中立国は非現実的であり、理想論でしかないのでしょうか。琉球国は外交力を駆使して、世界中の国々とできるだけ多くの平和条約を締結します。琉球が世界の国々から恐れられなくなれば、琉球は武器を持たなくとも自国を守ることができます。

戦後、日本はアメリカの軍事的な守りにより軍事費を削減させ、経済発展に力を注ぎ繁栄を享受してきました。日本の高度成長は、琉球の米軍基地の存在とセットになった成功物語と言えます。しかしアメリカがイラクやアフガンに介入したことにより混乱がさらに深まり、米軍が本当に抑止力になるのかが問われています。２００８年のリーマンショックなど、アメリカについていけば経済発展できるという時代は過ぎ去りました。

日本はアジア諸国との安全、経済、政治関係の改善を優先させるべきです。琉球はアジアと歴史的、文化的に関係が深い地域です。実際、アジアの人々と琉球人との血のつながりもあり、過去から現在にわたりアジア諸国間の物流拠点として機能してきました。これから琉球がアジアにおける経済発展のダイナミズムに本格的に参入しようとするとき、米軍基地が大きな阻害要因になります。経済的に考えても琉球は非武装中立の国になる必要があります。

そのさいアジア最大の国、中国との関係が重要になります。資本主義化した中国と琉球との新たな関係を構築すべきでしょう。中国侵略説を真にうけて、怯え、経済的交流を遮断するのは非常に愚かなことです。日本では中国人富裕層の訪問で潤い、中国との貿易や投資が盛んに行われ、共存共栄しているにもかかわらず、琉球に対しては中国に門を閉ざす中国脅威論をあてはめることは、琉球の「国益」を損ねる議論です。かつて中国と政治的に対立することがよくあった台湾でも、近年は中国抜きにして台湾の経済発展は語れないようになるほど、両地域の関係が深まり、人の交流も盛んになっています。

社会主義路線を頑なに守っていた中国にたいして、琉球は反共の防波堤として米政府によって位置付けられ、軍事基地が強化されました。21世紀の現在、中国との経済関係はアメリカも無視できないほど大きくなりました。反共の砦としての琉球の政治的、軍事的位置付けは今や時代遅れであり、その押し付けこそが植民地主義なのです。

多民族共生国家へ

琉球は国際法の「民族の自己決定権」に基づいて琉球人の住民投票によって独立するかどうかを決めます。その後、琉球国が誕生したら、琉球国内に住む諸民族が対等に協力しあって行政、立法、司法を動かし、憲法を定めます。つまり琉球人だけの単一民族国家にはならないということです。

琉球には琉球人以外にも、日本人、アメリカ人、中国人、台湾人、フィリピン人、コリアンなどの人々が住んでいます。琉球王国は開かれた国でした。中国の福建省から中国人移民が琉球に移住して、主に国の外交、貿易活動に従事しました。しかし横浜や神戸のような中華街を形成することはありませんでした。なぜなら、中国人は琉球人に「同化」したからです。つまり中国人は琉球人と結婚し、琉球の言葉、習慣、制度などを取り入れ、琉球社会の一員として生きたのです。

また日本からも臨済宗を中心とした日本人僧侶が琉球に渡り、王や貴族層に仏教を伝え、寺社が創建されました。首里城の近くにあった円覚寺は京都の南禅寺の僧侶、芥隠《かいいん》禅師が開きました。日本人僧侶のなかには琉球と日本とのあいだで外交官としての役割を果たした人もいます。米軍統治時代には、アメリカ系琉球人である「アメラジアン」と呼ばれる人々がアメリカ人と琉球人の両親から生まれました。１９９０年代半ばに「沖縄ブーム」が始まると日本人の移住者がこれまでになく増えました。琉球は外から人を介して技能、経営力、資金を導入しながら、発展し、文化を豊かにしてきたのです。

琉球は、近代国民国家という既存の国家を目指すのではなく、「島嶼海洋国家」という政体がふさわしいのではないでしょうか。後者の国は、国連に加盟し、国境、領土、領海、領空、国民、主権という国家の基本要素を持ちます。しかし国境の壁を下げ、諸外国との経済的、文化的交流をうながし、世界との関係性を緊密にする国になります。世界の国々との友好的な関係性の構築によって、平和と発展を実現します。

近代国民国家が特徴とする中央集権国家ではなく、各島嶼がそれぞれ主権を有する、分権・連邦国家になります。日本を含む海外にも多くの琉球人が住んでいますが、これらの琉球人にも市民権や、大統領選の選挙権を与えてはどうでしょうか。琉球は世界各国と連携するとともに、世界の琉球人とも協力しあう、ネットワーク型の国家になります。国内の周辺地域に原発や米軍基地という犠牲を押し付ける、日本のような中央集権国家にたいして、もう一つの国家像を琉球が提示するでしょう。もっとも、米軍という他国の軍隊が未だに国内各地で占領軍のように振る舞っている日本の今の状態は、近代国民国家としても未完成であると言えるかもしれません。

琉球は日本から平和的に独立したいと希望しています。「ケンカ別れ」ではなく、「協議離婚」のような形です。パラオ、ミクロネシア連邦、マーシャル諸島はアメリカから独立しましたが、独立後も3ヵ国の国民は米国内で自由に教育、就業ができます。琉球独立後も、琉球人が自由に日本で働き、就業ができれば両国の友好関係を継続できるでしょう。優秀な日本人の来琉や、競争力のある日本企業の投資を歓迎します。独立後は日本企業だけでなく、アジア諸国からも企業投資が増大すると予想され、日本企業は他の外国企業との競争が激しくなるかもしれませんが。

琉球人には独自の言語、琉球諸語（しまくとぅば）があるにもかかわらず、日本語を国語として学校の正規の授業で学ぶことが強いられてきました。独立後は、特定の言語を国語として教育するのではなく、琉球諸語、日本語、英語などをまんべんなく教える必要があります。また琉球に住むその他の民族のために、スペイン語、中国語、ポルトガル語、ハングルなどを教える民族学校の設立を促し、琉球国政府も「多文化共生」のための政策を実施します。

第4節　パラオ共和国から学ぶ

「リサイクル大国」としてのパラオ

２０１５年2月に龍谷大学の学生10人と一緒にパラオを訪問し、フィールドワークをしました。パラオは１９９４年にアメリカから独立した小国であり、人口は約２万人です。

２０１３年度のパラオの経済状況は次の通りです。国内総生産（ＧＤＰ）は2億２１９０万ドル、一人当たりＧＤＰが1万２６５９ドルです。政府歳入は９３８７万ドル、そのうち税収が４１３７万ドル、援助金が４２０５万ドル、その他の収入は１０４５万ドルです。援助金のうち外国政府からの贈与金が２９８７万ドルであり、そのなかでコンパクトマネー（アメリカから提供される使途自由な援助金）が１８１５万ドルを占めています。２０１４年の観光客数は14万６８６７人であり、そのうち中国から3万9936人、日本から3万8610人、台湾から3万4466人、韓国から1万4808人です。

私は1997年から2年間グアムの日本総領事館、1999年から1年間パラオの日本大使館で専門調査員として働いた経験があります。グアムでの仕事のなかにはパラオに関する調査もあり、パラオが独立して数年後の状況を見ることができました。その頃、コンパクトマネーが同国政府歳入の5〜6割を占めていました。2013年度においてパラオ政府歳入に占めるコンパクトマネーは19％まで減少しました。観光客数は毎年増加傾向が続いており、これまでは台湾と日本が上位の観光市場でしたが、2014年から中国からの観光客が第1位となりました。アメリカからの援助金依存の経済から観光業を中心にした民間主導の経済に移行しています。

パラオは、グアム、ハワイ、琉球、サイパンなどと競争しながら観光産業を発展させてきました。しかし、価格、観光客数、ホテル数などを競って、他の観光地に追いつくことを目標にするのではなく、パラオ観光の独自性を際立たせようとしました。パラオ観光のアピールポイントは「手つかずの自然」であり、自然環境を保護、育成することが観光政策の柱になっています。

島嶼国では「規模の経済」が働かないため、ゴミ処分に多くのコストがかかります。焼却処分にする場合、高温で連続してゴミを焼却しないとダイオキシンが発生します。近代化が進む島嶼国ではゴミが増え続けており、解決困難な頭の痛い問題になっています。

コロール州政府のリサイクルセンターには、食べ残しなどの有機廃棄物、段ボール、植物を細菌処理して、悪臭もなく、土壌にする装置があります。生産された土はホテルや家庭のガーデニング用に使用され、個人にも販売されています。

同センターにはプラスチックの油化装置が導入され、自然には戻らないプラスチックを燃料に変えて、施設のエネルギーコストを大幅に削減しました。さらに廃棄ビンを原料にして、ガラス製品に加工する施設も同センター内に設置する予定です。「琉球ガラス」のように、観光業と結びついた相乗効果が期待されます。同センターはパラオ人の雇用をも生み出しており、企業としても成功をおさめています。

またパラオ政府はベバレッジ・デポジット・プログラム施行法を成立させ、ペットボトルと缶のデポジット制の完全導入に成功しました。1個につき10セントのデポジットを輸入の段階で徴収し、ゴミ処分場に使用済み容器を持ってきた人に1個につき5セントを支払っています。圧縮した缶やペットボトルは輸出され利益を生み出しています。リサイクルの結果、島のなかではカンやペットボトルの投げ捨てはほとんどみられません。人口が最も多いコロール州の各地にゴミ置き場が設置されています。パラオのリサイクルシステムが注目に値するのは、収益を生み出す仕組みが完成しており、持続可能な方法でゴミ処理、環境の美化を実現していることです。

内発的発展の実践

西表島在住の石垣金星《いしがききんせい》は「大自然こそ大産業」を唱えて、島で有機農業、天然素材の染織業、エコツーリズムを実践しています。石垣金星の言葉を国として推し進めているのがパラオなのです。

2014年、レメンゲサウ大統領は国連総会において、排他的経済水域での商業漁業禁止を宣言しました。現在、パラオ議会において同宣言の法制化にむけた議論がなされています。海洋生物の減少を防ぐための措置は、伝統的にパラオで行われてきました。魚の減少が確認されたら、伝統的首長が一定期間、ある海域での漁の禁止を命じるのです。そのような禁漁政策を国家規模で実施しようとしています。すでに世界初の、サメのサンクチュアリ地域をパラオ周辺海域に設定しました。国家が有する特権の一つとして、排他的経済水域内での漁業権と漁業収入の獲得がありますが、パラオ政府はそれを放棄しようとしています。金銭的な利益よりも、人間と海洋生物との共生を重視するという、究極の平和のメッセージを世界にむけて発信しているのです。

パラオの観光名所としてロックアイランドがあります。マッシュルームの形をした何十もの島々が美しく、日本では「パラオ松島」として親しまれています。ほとんどの観光客は同地を訪問しますが、ツアー料金とは別に入島料50ドルの支払いが義務付けられています。さらに同地のなかにあるジェリーフィッシュレイク（クラゲの湖）まで行くと100ドルの入島料が必要になります。この湖（海底で海につながっているので淡水ではありませんが）で生活しているクラゲには天敵がほとんどおらず、強い毒で人を刺さないという独自な進化をとげています。数百万匹のクラゲと一緒に海中を遊泳するのは大変幻想的です。ロックアイランドには人が居住できず、ゴミはすべて持ち帰りであり、トイレの汚物も自然に還元される方式を採用しています。観光客から徴収した入島料、環境税などは、環境を破壊する者を取り締まるための警備、島内のゴミ箱設置など、環境保護関連の事業に使用されます。

すべての観光客は、帰国の時に出国税50ドルを払わなければなりません。そのなかには環境税が含まれています。このような厳しい環境保護政策が功を奏して、2012年にロックアイランドはユネスコの世界複合遺産に登録されました。観光客は入島料・出国税という追加料金を支払うことを通じて、パラオ人とともに美しい自然を守る運動に参加させてもらっているのかもしれません。観光客にとっては「お高い」観光地なのですが、観光客数は減少していません。カネには代えがたい美しい自然を「手つかずのまま」残すことにパラオが成功したからに他なりません。パラオは独立後、世界的な自然の「聖域」というステータスを手にすることができたのです。

先進国にある経済的な資産はカネで換算できるものがほとんどです。株や債券、超高層ビル、経済要素としての土地などがあります。パラオの資産とは何でしょうか。それはカネでは計ることのできない自然と文化です。開発されたモノは人間の近代生活のためには必要ですが、それは世界中のどこにでもあり、消耗され、最後は廃棄物になります。しかし、自然や文化は地球が存在する限り永久に残ります。それらはいつまでも再生、再生産、創造され、自然に戻らないゴミになることはありません。人類が地球で生きていくかぎり、不可欠なものが自然と文化です。それらを資産として考え、保存し、育成しながら活用しているのです。パラオは「ダイビングの聖地」、「自然保護運動のセンター」として世界的にも認められるようになりました。パラオ人だけでなく、世界中の環境問題に心を痛めている人々はパラオを「人類の宝」だと認識するようになっています。

内発的発展とは、ある地域に住む人々が発展の主体になり、地域の文化、自然、歴史を踏まえながら、地域主導で展開される発展のあり方です。この内発的発展の具体的な事例を、パラオ社会のすみずみで見つけることができます。

政府機関としてパラオ観光局があり、パラオと他の南の島（観光地）との違いを明確化する政策を実施しています。「パラオが誇るべきものは自然、文化」であるという意識が、同局を通じてパラオ国民に共有されるようになっています。国の規模が小さいので、一つの価値観、政府の方針を国民がシェアーするのが容易なのです。

例えば、ホテルはヤシの木の高さを越えないようにするという暗黙の了解がありま す。日系ホテルのパラオパシフィックリゾート（ＰＰＲ）は、高級リゾートとして有名ですが、建物はヤシの木よりも高くなく、しかも木造です。木造はコンクリートに比べてその維持管理のコストがかかりますが、自然にとけ込んだような印象を与えています。またホテルで使う上下水道は施設内で循環しています。このような環境に非常に配慮したホテルが完成した背景として、土地の共有制があります。パラオでは外国の投資家や企業は土地を所有できず、賃貸しかできません。ＰＰＲの建設過程でもパラオ人地主が多くの注文をつけたために、自然を壊さないホテルができあがりました。

パラオでは外国企業による経済収益が同国内で循環し、パラオ人の企業や労働者も発展するような法制度や習慣があります。外国企業は、パラオ人の共同経営者を置くこと、パラオ人優先の労働雇用政策が義務付けられています。またパラオの企業や職種と競合しないかたちでの投資しか認められていません。外国人労働者は1年毎の居住許可制のもとで働いています。私が知っている琉球人は40年以上、パラオで生活していますが、パラオ人である妻から居住許可をもらわなければなりません。

パラオは独立して、世界に開かれながらも、外国資本や外国人労働者を選択的に導入しており、パラオ人主導で国の運営を進め、着実な経済発展、環境と観光の調和を見事に実現しています。

信託統治領時代、アメリカは他のミクロネシア諸島とパラオが合同して一つの国をつくることを希望しました。しかし、パラオ人は人口が少なくても自分の国をもつことを主張しました。なぜでしょうか。そのほうが、みずからの生存にとって最も有利な政治的、社会的、文化的環境をつくることができると考えたからではないでしょうか。独立することで、パラオの自然、言葉、文化をパラオ人の思想に基づいて守り、育てることができるのです。大部分のパラオ人はパラオ語と英語を話します。しかし、パラオ政府や議会では、パラオ語のみで議論をすることが多いのです。パラオ語が理解できる外国人は特定の人類学者などを除いてごくわずかです。パラオ人はパラオ語で重要な事柄を議論することで、外部からの介入を排除して、パラオ人主導の政治を守っています。同地の日本大使館で働いていた頃、つくづくそう思いました。言葉をはじめとする文化が、パラオ人が主体的に展開する政治、内発的発展を可能にしているのです。

「親日国」という戦略

２０１５年４月、天皇皇后は戦後70年を記念してパラオを訪問しました。なぜパラオなのでしょうか。戦前、国際連盟の委任統治領として、日本がミクロネシア（南洋群島）を統治し、その本部である南洋庁がパラオにおかれ、軍政時代を含めて約30年間日本の影響を最も受けたからでしょうか。それもありますが、それよりも、パラオが「世界で最も親日的な国」であると日本で流布《るふ》され、パラオ人もそのように語っていることが大きな理由ではないでしょうか。東アジア諸国との関係がぎくしゃくするなかで、パラオの「親日性」が脚光を浴びるようになったのです。

パラオは世界でも有数の「親日国」と言われています。確かに日本語の単語がパラオ語の一部として使われ、日本の歌をパラオ人はよく唄います。コロールの街には日本語で書かれた看板が散見されます。南洋庁コロール支庁の建物が今もパラオ最高裁判所として使われ、街中でも日本時代の灯籠、石門、石橋、石碑などを破壊せず、補修しながら大切に残しています。パラオ人の名前にも日本風の名前が多く採用されています。生活のなかに日本的なものが浸透しており、パラオのスーパーに行くと、お汁粉、センベイ、味噌などの日本の商品が棚にところ狭しと陳列されています。「あんぱん」もクマガイ（熊谷）ベーカリーでつくられています。日本人の歴史観に賛同を示すパラオ人も少なくありません。日米両軍の激戦地になったペリリュー島には、今も破壊された戦車、零戦、日本軍司令部などの戦跡が大切に保存されています。国際的な会議でも、パラオ政府は日本政府の提案に賛成することが多いようです。

しかし「親日的」といっても、全面的に日本がやったことを肯定しているわけでも、日本にただ従っているわけでもありません。日本の植民地であった１９３８年のパラオの人口をみると、日本国民が1万５６６９人（その大半は琉球人）、パラオ人が６３７７人でした。日本の企業や移住者がパラオの土地を所有し、経済的利益を獲得し、母国に送金しました。植民地時代の経済搾取を繰り返さないために、外国人による土地所有を禁じ、共有地制度を今にいたるまで残しているのです。日系企業にはパラオ人が共同経営者として参加し、パラオ人労働者を優先的に雇用することが義務付けられています。日本人といえども1年毎の居住許可を得なければ帰国を余儀なくされます。

ベラウ国立博物館には戦時中の体験としてパラオ人の次のような声が掲載されていました。公学校（パラオ人が通った学校。日本人子弟は別の学校である小学校に通学した）の1年はパラオ語を話せたが、2年になるとそれが禁止された。パラオ語を話した生徒の名前がノートに書かれ、1時間立たせられた。アイライ飛行場の建設現場において、自分達（パラオ人）は沖縄人と朝鮮人と一緒に働かされた。アダチ軍曹から殴られ、自分は耳が聞こえなくなった。「戦争というのは、人をいじめる」ものである。

日本は明治維新のころ「お雇い外国人」と呼ばれる欧米の専門技術者、知識人、芸術家などを採用して、近代国家としての基礎固めをしました。パラオでも今まで多くの日本人がパラオのために働いてきました。コロール州リサイクルセンターの立ち上げから関わり、それを軌道に乗せた方。外資系の大企業で培ったマネージメントの方法をパラオの観光政策に活用されている方。ＪＩＣＡの青年海外協力隊として働いた後にパラオに戻り、パラオ人と結婚し、日本語をパラオコミュニティカレッジで教えている方。このように現在でも、日本人だけでなく、台湾人、フィリピン人、中国人、パキスタン人、アメリカ人、豪州人など、さまざまな外国人がパラオのために汗を流しています。

パラオ共和国の大統領制は、アメリカのそれに基づいています。パラオは独立してまだ20年余りであり、「国づくり」にとって参考になる他の国の発展過程、法制度などを、パラオ人を主体にした形で積極果敢に導入しています。日本は明治時代に、「お雇い外国人」を介して欧米の諸制度や文化を導入して、富国を実現することができました。日本が成功した道をパラオもたどろうとしています。パラオ独自の方法で。でもよく考えてみると、パラオ人は世界で日本だけに親しみを感じているのではなく、台湾、アメリカ、フィリピンなどの国とも親しく交流しているようです。先にあげた「親日的」な要素とともに、「親米的」な要素もパラオの生活から発見することができます。パラオの平和と発展を実現するためにできるだけ多くの国々と友好関係を結び、世界のなかで極小国パラオの生存を可能にしようとしているのです。

琉球もパラオのように日本的なものが多くあり、日本を「母国、祖国」と呼んで復帰運動をした経験があります。ほとんどの琉球人は日常的に日本語を話しており、日本の歌を唄い、日本食にも親しみをもっています。琉球が独立したら、パラオ以上に「親日的」な国になるでしょう。ただ、「親日的」な国という主張は、パラオが独立国だから有効なのであり、もし日本の植民地のままであれば、「同化政策の結果」としてパラオ・ナショナリストからすれば取り去るべき対象になります。実際、戦前、モデクゲイというパラオ独自の信仰を基にして、日本政府による統治政策に反対したパラオ人集団がおり、そのリーダーは南洋庁によって逮捕投獄されました。

しかし独立国として「親日性」をさまざまな局面で押し出すことで、日本からのODAを増やすという実利的な効果も期待できます。

東アジアにおいて日本は中国、韓国、北朝鮮と対立し、孤立化するなかで、唯一の友好国が琉球になるかもしれません。ただし琉球が日本の友好国になるには、独立後、米軍基地、自衛隊基地の琉球からの撤廃に日本政府が合意することが条件になります。

２０１５年の天皇・皇后のパラオ訪問は、日本にたいする「親日的」な外交戦略の成功と言えるかもしれません。パラオはこの点でも他の太平洋島嶼国よりも先んじています。パラオ人は本当に「親日」だからこそ、外交にもそれを活用できるのでしょう。

パラオでは「お雇い外国人」を積極的に採用していますが、主権は絶対に譲り渡しません。「決定権はパラオ人が持つ！」という体制が社会のすみずみまで確立されています。それがパラオ人主体の経済の発展にもつながっているのです。パラオに住むすべての外国人を「お雇い外国人」にする強《した》かさがあります。外国の投資家、企業がパラオにおいて自分たちだけで利益を得ることを許さない体制が敷かれています。家族、親族、社会組織、政府として民族の利益を守る。民族の自己決定権とは、独立する時にも発揮されますが、独立後もパラオでのように、自己決定権をどのように実質化していくのかが重要な国家的課題になります。独立すればすべて解決されるのではなく、主権をめぐる他者との競争関係は独立後も激烈であり、世界のなかでどのように主体的に生存していくのかが問われるのです。このように、独立とは何かをパラオ人は実例を示しながら琉球人に教えてくれます。

ナカムラ元大統領から独立を学ぶ

クニオ・ナカムラは、ペリリュー島出身の母親、三重県出身の父親から生まれました。1994年にパラオを独立に導き、独立後の国政を担いました。現在は政治家を引退し、航空や海運の荷揚げ業、レストランやホテル業など、複合的な会社を経営しています。2015年2月、ナカムラ元大統領は私に次のように語ってくれました。

「ピラミッドの頂点には少数の人がいるだけで、底辺にこそ多くの人がいる。政治をするには、底辺の人とつきあうことが重要である。自分は草の根におりて、友をつくることで選挙に勝利し、大統領になることができた。底辺にいる人々が助けを最も必要としている」

ナカムラはもともとパラオで高校の教員をしており、政治家になるために必要な資金も潤沢ではありませんでした。パラオのマジョリティである社会の底辺の人の声や求めを真摯に聞き、それを実現するために政治家になり、草の根的な支援をえて大統領になることができたのです。

「アメリカという大きな船とパラオとを結ぶロープを断ち切るのが独立である。独立した後、朝まで熟睡したことがほとんどなかった。そのロープが切られ、波が荒れ狂う世界のなかに投げ出されたパラオは、どのように生きて行くべきかに私は心を砕いた。独立後の国家運営の柱は、〝経済、経済、経済〟である。経済が発展しないと、学校、薬、食料も手に入れることができない。最も大切なものが経済である」

「現在世界で問題になっている、シリア、リビアなどの中東地域での紛争の最大の原因は、それらの地域の経済状態が悪いことにある。幸いなことに、パラオには海があり、島の上では作物を栽培できる。自然環境を大切にしないと、魚や、作物を生み出す土地も失ってしまう。経済政策が国の方向性を決定する」

独立とは大国の庇護のもとに生きることをみずからの意志で拒否することです。自分の力で世界の大海を泳ぐことです。ここでナカムラがいう「経済」とは、パラオ人が主導権を握り、自然や文化を柱とした経済であり、「パラオ型の経済」です。国の安定、平和にたいして経済は大きな役割を果たします。パラオの海や島の自然を大切に守ることが経済政策の根幹にくるのです。

「戦争というのは敗者を生み、本当に良くない。戦争を防ぐ方法は、文化交流であり、互いに尊重することである。現在の世界は危ない。世界平和を実現させるべきである。戦争はぜったいダメ！」

現在のパラオは平和国家です。軍隊がありません。独立時にアメリカと結んだ自由連合協定（コンパクト）によって、アメリカがパラオの軍事権を掌握することになっています。しかし、琉球のような広大な軍事基地はなく、軍事演習も行われず、小さな施設があるだけです。武装した米軍がパラオを守っているわけではありません。治安は警察で十分なのです。独立前にナカムラ大統領が有事の時以外は広大な米軍基地をパラオに配置しないという約束を米政府から取り付けました。人口がパラオの70倍近い沖縄県の知事よりもパラオ大統領のほうが、アメリカとの交渉力において大きな権限を保持していることが分かります。

平和国家・パラオを象徴しているのがパラオ憲法のなかの非核条項です。ナカムラの兄のミノルは法律家であり、「ふたたびパラオが戦争に巻き込まれないために」という願いを込めて同条項を作成しました。

琉球独立後の将来像を思い浮かべながら、ナカムラ元大統領のお話を伺いました。独立を目指している琉球の前を歩むパラオから、琉球人は同じ「シマンチュ（島人）」として平和と「誇りある豊かさ」を実現するために多くのことを学ぶことができるのです。

第5章

琉球独立宣言

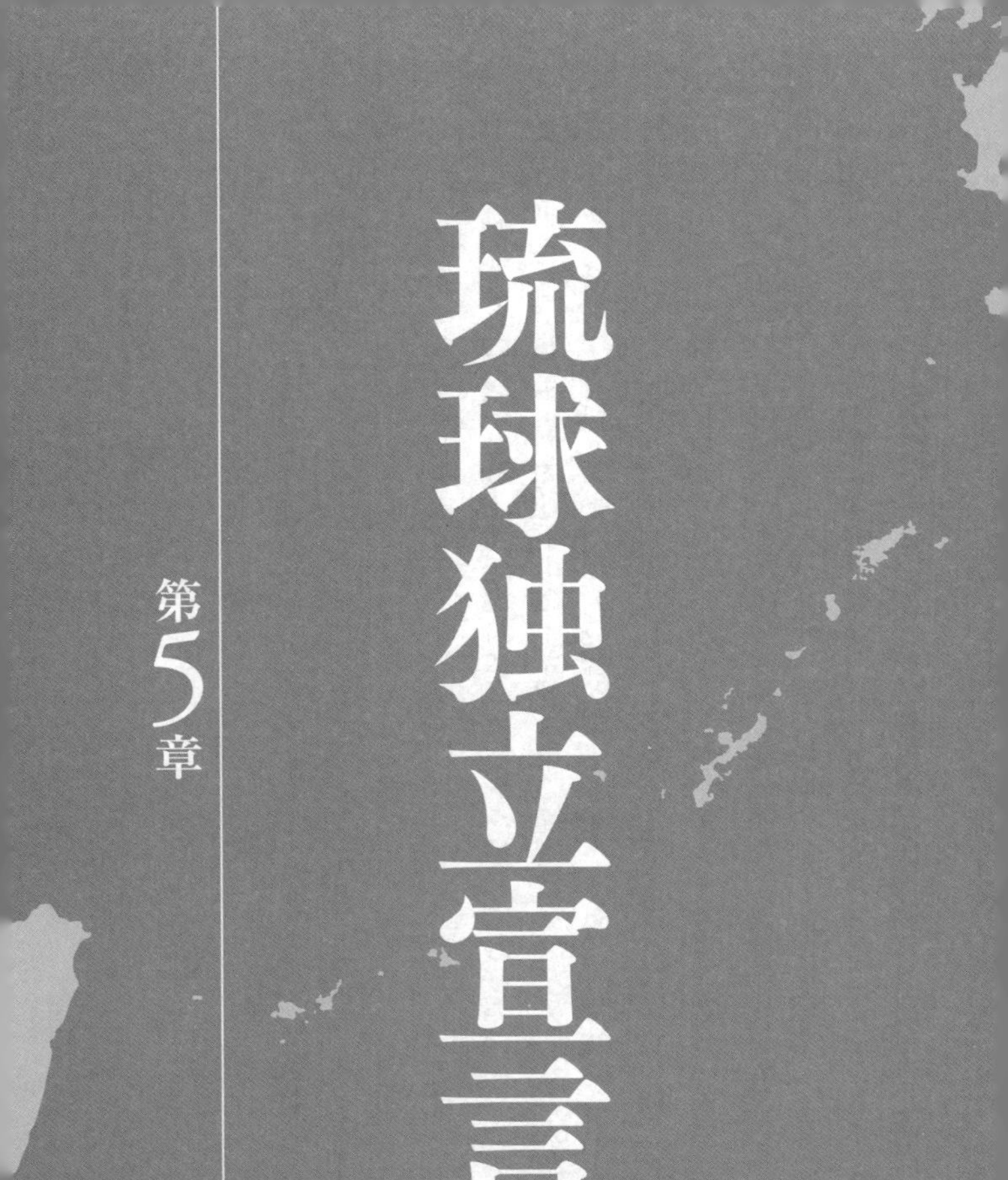

「アメリカの独立」と「琉球の独立」

「アメリカ独立宣言」は、トマス・ジェファソンが草案を書き、１７７６年7月4日に13のアメリカ連合諸邦によって構成される大陸会議において採択され、全国に公表されました。同日はアメリカの独立記念日になっています。その原本はワシントンD.C.の国立公文書館において一般公開され、アメリカ人の独立精神を育んでいます。

かつてアメリカが植民地であり、イギリスとの闘いを経て独立した国であることを改めて確認したのは、２０１４年9月にスコットランドにあるエジンバラ城を訪問したときのことでした。城内地下にはイギリス軍の捕虜となったアメリカ人が収監されていた部屋がありました。そのときの監獄内が再現され、説明板からアメリカの独立運動を再認識したのです。同月、スコットランドではイギリスからの独立を問う住民投票が行われ、独立にはいたりませんでしたが、アメリカは２３９年前にイギリスから独立を実現させたのです。

イギリスは米植民地の議会を通さず、税金を増やし、法律を適用しました。英議会が制定した砂糖税の増税が実施されました。通貨を発行することを禁じた通貨法、駐米イギリス軍にたいする宿舎と必要物資の提供を植民地側に義務付けた宿営法などが施行されました。これらの法律に違反した者にたいして、英政府が任命した判事は、陪審の同意を得ないで厳しい判決を下しました。アメリカ人はこのような植民地主義に抵抗したのです。特に英議会における適切なアメリカからの代表なしに課税されることにたいして強く反対しました。１７７４年の第一回大陸会議において、英国製品の不買運動が決議されました。

米植民地が採択した、１７７６年のヴァージニアの権利章典には次のような文があります。琉球の状況に照らしながら考えてみましょう。

「政府というものは、人民、国家もしくは社会の利益、保護および安全のために樹立されている。あるいは、そう樹立されるべきものである。政府の形体は各様であるが、最大限の幸福と安寧をもたらし得、また失政の危険に対する保障が最も効果的なものが、その最善のものである。いかなる政府でも、それがこれらの目的に反するか、あるいは不じゅうぶんであることがみとめられた場合には、社会の多数のものは、その政府を改良し、変改し、あるいは廃止する権利を有する。この権利は疑う余地のない、人に譲ることのできない、また棄てることのできないものである。ただし、この〔権利の行使〕方法は公共の福祉に最もよく貢献し得ると判断されるものでなければならない」（『人権宣言集』岩波文庫、１９５７年、１０９頁）

日本人と琉球人は平等であり、琉球人は生命、自由、幸福の追求の権利を生まれながらにして持っています。これらの権利を実現するために人類は政府を組織しましたが、その政府の権力は被治者の同意に由来しなければなりません。しかし、琉球併合や沖縄返還協定にみられるように、琉球では琉球人の同意（住民投票）によって日本政府の統治下におかれ、政府がつくられたのではありません。琉球人の生命、自由、幸福の追求の権利が否定されており、琉球人はみずからの安全と幸福をもたらす権限を有する新たな政府を組織する権利があります。「この権利は疑う余地のない、人に譲ることのできない、また棄てることのできないもの」なのです。

琉球は独立後、かつての王制ではなく、アメリカのような共和制、各州の権限を強くした連邦制を採用するでしょう。連邦共和制が、広大な海洋にうかぶ島嶼からなる琉球にふさわしい国柄なのです。

1854年にアメリカと琉球は修好条約を交わし、互いに国として認め合いました。両者の関係は、国と国との関係から始まりました。その後、沖縄戦、米軍統治、そして米軍基地などを通して、アメリカと琉球とは戦後70年、「支配と抵抗」という不幸な間柄となりました。しかし考えてみるとアメリカはイギリスから独立した、「自由と民主主義」を国是とする国なのです。琉球は現在のアメリカのように軍事力を他国に及ぼし、経済格差を拡げる国をモデルとしているわけではありません。アメリカは戦争によってイギリスから独立し、富国強兵を国是としていますが、琉球は非暴力の力で独立し、非武装中立の国を目指しています。しかし、琉球はアメリカの独立の精神やその過程からは大いに学ぶことができます。

琉球民族独立総合研究学会の設立趣意の柱は、**「琉球人の琉球人による琉球人のための独立」**です。これはアブラハム・リンカーンがゲティスバーグで行った演説の一節「人民の人民による人民のための政治」を念頭においたものです。琉球の独立運動や反基地運動は日米両政府の政策に反対しているのであり、反米または反日運動ではありません。

次に、アメリカ独立宣言（在日米国大使館ホームページ「独立宣言（１７７６）」http://aboutusa.japan.usembassy.gov/j/jusaj-majordocs-independence.html を参照されたい）を踏まえて起草した琉球独立宣言案をご紹介します。この独立宣言を読んで、琉球人は独立する権利を持っているということを、そして日本人は、そもそも日本には「独立宣言」があるのか、日本は本当に独立しているのかを問い直してみて下さい。

「琉球独立宣言」

琉球の人々と日本の人々とを結びつけてきた政治的なきずなを断ち切り、独立し、平等になろうとするとき、琉球は分離せざるを得なくなった理由を明らかにすべきであろう。

われわれは、以下の事実が自明であることを信じる。すなわち、すべての人間は生まれながらにして平等であり、生命、自由、および幸福の追求を含む不可侵の権利が与えられている。こうした権利を確保するために、人々のあいだに政府が樹立され、その政府は統治される者の合意に基づいて正当な権力を得る。そして、いかなる形態の政府であれ、政府がこれらの目的に反するようになったときには、人民には政府を改造または廃止し、新たな政府を樹立し、人民の安全と幸福をもたらす可能性が最も高いと思われる原理をその基盤とし、人民の安全と幸福をもたらす可能性が最も高いと思われる形の権力を組織する権利を有するということ、である。

もちろん、長年にわたり樹立されている政府を軽々しい一時的な理由で改造すべきではないことは思慮分別が示す通りである。したがって、あらゆる経験が示すように、人類は、慣れ親しんでいる形態を廃止することによって、みずからの状況を正すよりも、米軍基地問題という弊害が耐えられるものである限りは、耐えようとする傾向がある。しかし、権力の乱用と権利の侵害が、常に琉球という同じ目標に向けて、1879年から今日までの長期にわたって続き、琉球人を絶対的な専制の下に置こうとする意図が明らかであるときには、そのような政府を捨て去り、みずからの将来の安全のために新たな保障の組織をつくることが、琉球人の権利であり義務である。

琉球人が耐え忍んできた苦難は、まさにそうした事態であり、そして今、まさにそのような必要性によって、われわれはこれまでの政府を変えることを迫られているのである。現在の日本政府による統治の歴史は、度重なる不正と権利侵害の歴史であり、そのすべてが琉球にたいする絶対専制の確立を直接の目的としている。このことを例証するために、以下の事実をあえて公正に判断する世界の人々に向けて提示することとする。

日本政府は、琉球人の安全をおびやかす日米地位協定の改正を拒否してきた。米軍人に特権的な諸権限を認めるこの協定によって、琉球人は米軍人による事件、事故に晒されている。同協定の改正は緊急かつ切迫した重要性を持つものであり、琉球の政府（沖縄県）、議会（沖縄県議会）は改正要求を何度も日本政府に提出してきたが、日本政府はまったく注意を払わず、琉球人の民意を無視した。

２０１４年に名護市辺野古への新基地建設に反対する沖縄県知事、名護市長、衆議院議員が選出されたが、日本政府は琉球の民意に真摯に応えようとしない。翁長雄志知事が首相をはじめとする主要閣僚に会って、琉球の民意を伝えようと何度も試みたが、安倍首相は約４ヵ月間面会を拒否した。キャンプ・シュワブのゲート周辺や海域において非暴力で抵抗する人々を、不当逮捕・拘束し、負傷させながら辺野古の新基地建設を強行した。琉球の民意を無視し、暴力的に琉球の土地を破壊できるのは専制君主のみである。

衆参両院の総議員数７１７人（衆議院議員４７５人、参議院議員２４２人）のうち琉球選出国会議員は12人しかいない。琉球の米軍基地に関する議案に関して、すべての琉球選出議員が基地に反対しても、圧倒的多数で基地を固定化する法案が可決されてきた。「沖縄県」という現在の政治的地位の根拠法である沖縄返還協定も、屋良朝苗琉球政府主席、琉球選出国会議員が反対するなか、マジョリティの日本人議員により国会において可決された。適切な代表なしに琉球にたいして課税が行われていることも問題である。

「復帰」後、日本政府は東京に沖縄開発庁（現在は内閣府沖縄担当部局）、琉球現地に沖縄総合事務局を設置して、振興予算を利用して米軍基地を固定化する政策を実施してきた。沖縄県知事が基地に反対すると振興予算を削減し、賛成するとそれを増加させた。開発計画も長年、日本政府の官僚が作成し、予算の配分・執行・監督に関する絶大な権限を有しており、振興予算を琉球統治の手段とした。日本政府は、沖縄振興特別措置法など、琉球にのみ適用される法律、法制度を制定し、法的にも日本のなかで特殊地域という状態をつくりだした。まさに琉球は日本の植民地であると言える。

日本政府は、沖縄県議会の同意を得ることなく、平時においてもこの地に常備軍を駐留させている。

日本政府は、米軍にたいして命令、指示をするなどの影響力を行使する権限がなく、米軍基地内に日本の統治権が及ばない状態を許している。日米地位協定によって米軍が琉球において優位に立つような措置をとってきた。

日本政府は、米政府と共謀し、平和を求めるわれわれの政体とは相容れない、またわれわれの法律によって認められていない司法権にわれわれを従わせようとした。そして、見せかけの立法行為による以下のような法律を承認してきた——。

われわれのあいだに大規模な軍隊を宿営させる法律。

米軍隊が琉球の人々にたいして殺人を犯すようなことがあった場合でも、米軍に最初に裁判する権利があり、米兵容疑者の確保も現行犯で警察が逮捕しない限りできないことを認める法律。

与那国島と台湾との直接航行による貿易を遮断する法律。

われわれの同意なしにわれわれに課税をする法律。

琉球国が欧米諸国と締結した条約原本を略奪し、琉球国の最も貴重な法律を廃止し、琉球国の形態を根本的に変えた法律。

日本政府は、われわれを日本国による保護の対象外であると宣言し、われわれにたいし戦争状態を固定化する米軍基地を押し付け、米軍基地内の統治権を放棄した。

日本政府は、われわれの島において「捨て石戦争」を行い、日本軍は住民を虐殺し、住民の集団死を強制し、島を焦土にし、人民の命を奪った。

日本政府は、最も野蛮な時代にもほとんど例を見ない、およそ文明国家の長として全くふさわしくない残忍さと背信行為の数々で、すでに始められている死と荒廃と専制の事業を完遂するために、オスプレイを配備し、辺野古に新基地を建設して、米軍基地の機能を強化するだけでなく、宮古・八重山諸島に自衛隊基地を配備・強化している。

日本政府は、沖縄戦のときに両親、兄弟姉妹が互いに殺し合い、あるいはみずからの手で自分の命を落とすよう、軍の直接命令や皇民化教育を通じて強要した。

日本政府は、米軍基地を容認する知事に振興予算を増やし、それに反対する知事には振興予算を減らすという「アメとムチ」の政策を実施し、琉球の人々や地域社会を分裂させ、住民の抵抗力を削いで統治するという植民地支配の常套手段を用いてきた。

こうした弾圧のあらゆる段階で、われわれは最も謙虚な言辞で是正を嘆願してきた。われわれの度重なる嘆願にたいしては、度重なる権利侵害で応えたに過ぎない。このように、専制政府の定義となり得る行為を特徴とする日本政府は、自由な人民の統治者として不適任である。

またわれわれは日本の同胞たちにたいしても注意を怠ってきたわけではない。われわれは、日本の議会が、われわれにたいしてまで不当な権限を押し広げようとする企てについて、折に触れて彼らに注意を促してきた。また、われわれが琉球の地で独立国家として存在してきた状況を、彼らに改めて思い起こさせてきた。彼らの生来の遵法精神と寛大さに訴えるとともに、相互の結びつきと親交が必ずや断ち切られることとなるこうした日本政府による権利の侵害を認めないよう、われわれの血縁的なきずなをとおして訴えてきた。しかし日本の同胞も、正義の声と血縁の訴えに耳を貸そうとしてはいない。したがってわれわれは、分離を宣言する必要性を認めざるを得ない。

したがってわれわれ琉球連合連邦の代表は、島嶼会議に参集し、われわれの意図が公正であることを、世界の最高の審判者にたいして訴え、これらの植民地の善良な人民の名において、そしてその権威において、以下のことを厳粛に公表し宣言する。すなわち――これらの連合した植民地は自由な独立した国家であり、そうあるべき当然の権利を有する。これらの植民地は日本政府にたいするあらゆる忠誠の義務から完全に解放され、これらの植民地と日本との政治的な関係はすべて解消され、また解消されるべきである。そして自由で独立した国家として、同盟を結び、通商を確立し、その他独立国家が当然の権利として実施できるすべての行為を実施する完全な権限を有する――と。そして、われわれは、この宣言を支持するために、琉球の神や先祖による保護を強く信じ、われわれの生命、財産、および神聖な名誉をかけて相互に誓う。

おわりに

今年は戦後70周年という節目の年です。戦後50周年の時、村山富市首相は「村山談話」を発表しましたが、そのなかに次のような一節があります。「わが国は、遠くない過去の一時期、国策を誤り、戦争への道を歩んで国民を存亡の危機に陥《おとしい》れ、植民地支配と侵略によって、多くの国々、とりわけアジア諸国の人々に対して多大の損害と苦痛を与えました。私は、未来に誤ち無からしめんとするが故に、疑うべくもないこの歴史の事実を謙虚に受け止め、ここにあらためて痛切な反省の意を表し、心からのお詫びの気持ちを表明いたします。また、この歴史がもたらした内外すべての犠牲者に深い哀悼の念を捧げます」

日本の植民地支配と侵略の対象とされたのは「多くの国々、とりわけアジア諸国の人々」であり、それらの国々にたいして謝罪の言葉が表明されました。日本は琉球を侵略し、植民地支配をしましたが、現在にいたるまで日本政府は琉球人に謝罪していません。それだけでなく、日本政府は琉球を国としても正式に認めていないのです。朝鮮、台湾と同じく、琉球も日本の植民地にされ、琉球人も「多大の損害と苦痛」を受けてきました。今でもそれを受け続けています。琉球は日本政府にとって謝罪の対象でさえありません。

戦前、戦中に日本の植民地になったアジア・太平洋の諸地域は戦後、ほとんど独立しました。しかし琉球は未だに日本の植民地であり、米軍基地が押し付けられ、琉球人の民意が無視されたままです。日本政府は否定していますが、琉球はかつて独立した国でした。それを証明するものの一つがアメリカ、フランス、オランダと琉球国が締結した修好条約です。それらの原本は琉球併合時に日本政府によって奪われ、現在は外務省の外交史料館にあります。

日本政府は琉球国を侵略してそれを滅ぼし、現在まで植民地支配を続けています。琉球人に謝罪すべきです。同時に、3つの修好条約原本を元の持ち主である琉球に返却しなければなりません。これらは道義上、国際法上でも日本国の責務であると言えます。

琉球の基地問題は、琉球と日本の従属的な関係性を根本から問いなおさないと解決できません。日本政府がこのまま辺野古新基地建設を進めていくと、琉球は「独立」というカードを切って自らの道を歩もうとするでしょう。日本政府は「琉球」と「米軍基地」のどちらを選ぶのかが問われています。本書はこの「独立カード」がリアルな選択肢であり、国際的にも有効であることを明らかにしました。

琉球にある米軍基地の法的根拠は日米安保条約です。琉球が独立すれば同条約は琉球には適用されず、基地を撤廃することができます。独立するために日本政府の許可を得る必要はありません。国連の監視下で住民投票を行い、過半数の賛成が出たら「独立宣言」をし、世界の国々から国家承認を得て、国連に加盟します。２０１２年、イスラエルやアメリカによる強い反対があったにもかかわらず、パレスチナは国連総会でオブザーバー国家として認められました。琉球は元々国であったのですから、琉球人の意志で独立国になることができるのです。２０１４年にスコットランドで独立を問う住民投票が行われ、今でも活発に平和的な独立運動が展開されています。世界の人々も「独立」は民主主義社会における具体的で有効な選択肢であると考えているのです。

本書のサブタイトル「実現可能な五つの方法」とは、次のことを意味しています。

❶琉球人の独立賛成派を増やす
❷日本で独立賛成派を増やす
❸国際世論を味方にする
❹国連、国際法に従って進める
❺日米両政府に辺野古新基地建設を断念させる

２０１３年、琉球民族独立総合研究学会が発足しました。２０１５年７月現在の会員数は約３００人ですが、琉球の脱植民地化、脱軍事基地化の活動をしている琉球人市民、各運動団体のリーダーが発起人や会員として名前を連ねています。また日本、アメリカ、イギリス、中国、台湾、韓国、香港、カタール等のメディアや研究者も琉球独立の考えや運動に関心を持つようになりました。２０１５年６月、私は日本記者クラブで琉球独立について講演させてもらいました（YouTubeで、松島泰勝 龍谷大学教授「沖縄から考える」③を検索してみて下さい）。

琉球独立論は、一部の人が唱える主張ではなく、琉球、日本、アジア、世界における政治動向に影響を与える重要な要因としても注目されるようになりました。

琉球独立を研究し、実践するなかで多くの方々に励まされ、考えるヒントを得ることができました。私は研究者ですので、独立に反対する人の意見が事実や理論に基づいたものでしたら、議論して真摯に学びたいと考えています。琉球独立に賛成する方だけでなく、反対する方からも有益なご意見を頂戴しました。心より感謝申し上げます。

講談社文庫の小俣由里さんから、本書執筆の過程で、熱くまた優しい言葉で励ましや心遣い、そして編集上の貴重なアドバイスを頂戴しました。また琉球の状況に共感し、辺野古基金にも寄付して下さいました（2015年7月31日現在の基金総額は約4億4000万円）。あわせて心よりお礼申し上げます。

「琉球独立宣言」は、「琉球の民意を無視するな」「自分達の未来は自分達で決定する」「人として誇りを持って生きる」という琉球人の決意表明です。琉球独立の根拠、方法、歴史そして将来像を通じて、琉球の独立は可能であると読者が考えて下さいましたら幸いです。他の多くの民族も独立を実現できたのですから、琉球人もみずからの国を再びつくることができます。

2015年7月

松島泰勝

本書は、文庫書下ろしです。

|著者| 松島泰勝　1963年沖縄県生まれ。早稲田大学政治経済学部卒業後、早稲田大学大学院博士課程単位取得。博士（経済学）。専門は島嶼《とうしょ》経済。在ハガッニャ（グアム）日本国総領事館、在パラオ日本国大使館の専門調査員、東海大学海洋学部助教授等を経て、現在、龍谷大学経済学部教授。2007年「NPO法人ゆいまーる琉球の自治」を立ち上げ代表に。'13年「琉球民族独立総合研究学会」の設立メンバーとして共同代表に就任。現在も国内外で多くの講演や交流、活動を精力的に行っている。著書に『沖縄島嶼経済史―― 一二世紀から現在まで』『琉球の「自治」』（ともに藤原書店）、『ミクロネシア――小さな島々の自立への挑戦』（早稲田大学出版部）、『琉球独立への道――植民地主義に抗う琉球ナショナリズム』（法律文化社）、『琉球独立論――琉球民族のマニフェスト』（バジリコ）、『琉球独立――御真人《うまんちゅ》の疑問にお答えします』（Ryukyu企画）、『島嶼経済とコモンズ』（晃洋書房）他。

実現可能《じつげんかのう》な五《いつ》つの方法《ほうほう》　琉球独立宣言《りゅうきゅうどくりつせんげん》

松島泰勝《まつしまやすかつ》

講談社文庫

定価はカバーに
表示してあります

2015年９月15日第１刷発行

発行者――鈴木　哲
発行所――株式会社　講談社
東京都文京区音羽2-12-21　〒112-8001
電話　出版（03）5395-3510
　　　販売（03）5395-5817
　　　業務（03）5395-3615

デザイン―菊地信義
本文データ制作―講談社デジタル製作部
印刷―――信毎書籍印刷株式会社
製本―――株式会社大進堂

Printed in Japan

ISBN978-4-06-293196-0

講談社文庫刊行の辞

二十一世紀の到来を目睫に望みながら、われわれはいま、人類史上かつて例を見ない巨大な転換期をむかえようとしている。

世界も、日本も、激動の予兆に対する期待とおののきを内に蔵して、未知の時代に歩み入ろうとしている。このときにあたり、創業の人野間清治の「ナショナル・エデュケイター」への志を現代に甦らせようと意図して、われわれはここに古今の文芸作品はいうまでもなく、ひろく人文・社会・自然の諸科学から東西の名著を網羅する、新しい綜合文庫の発刊を決意した。

激動の転換期はまた断絶の時代である。われわれは戦後二十五年間の出版文化のありかたへの深い反省をこめて、この断絶の時代にあえて人間的な持続を求めようとする。いたずらに浮薄な商業主義のあだ花を追い求めることなく、長期にわたって良書に生命をあたえようとつとめるところにしか、今後の出版文化の真の繁栄はあり得ないと信じるからである。

同時にわれわれはこの綜合文庫の刊行を通じて、人文・社会・自然の諸科学が、結局人間の学にほかならないことを立証しようと願っている。かつて知識とは、「汝自身を知る」ことにつきていた。現代社会の瑣末な情報の氾濫のなかから、力強い知識の源泉を掘り起し、技術文明のただなかに、生きた人間の姿を復活させること。それこそわれわれの切なる希求である。

われわれは権威に盲従せず、俗流に媚びることなく、渾然一体となって日本の「草の根」をかたちづくる若く新しい世代の人々に、心をこめてこの新しい綜合文庫をおくり届けたい。それは知識の泉であるとともに感受性のふるさとであり、もっとも有機的に組織され、社会に開かれた万人のための大学をめざしている。大方の支援と協力を衷心より切望してやまない。

一九七一年七月

野間省一

講談社文芸文庫

高見 順

わが胸の底のここには

解説=荒川洋治　年譜=宮内淳子

出生の秘密を剔抉し、幼少期から旧制中学時代までを、厳しい眼差しと筆圧で回想する自伝的小説の傑作。自己の精神形成を追求した代表作を、没後50年記念刊行。

たH5 978-4-06-290283-0

高橋たか子

人形愛／秘儀／甦りの家

解説=富岡幸一郎　年譜=著者

夢と現実がないまぜになって、背徳といえるような美しい少年と女のエロスの交歓。透明な内部の実在、幻想美溢れる神秘主義的世界を鮮やかに描く、華麗なる三部作。

たL4 978-4-06-290285-4

富岡多恵子

室生犀星

解説=蜂飼耳　年譜=著者

なぜ詩人犀星は小説を書くようになり、小説家となった後も詩を書き続けたか。犀星の詩を丹念に読みながら、その生涯と内奥、「詩」と「小説」の深淵に迫る傑作評伝。

とA10 978-4-06-290284-7

真梨幸子　深く深く、砂に埋めて
真梨幸子　女ともだち
真梨幸子　クロク、ヌレ！
真梨幸子　えんじ色心中
まきの・えり　ラブファイト(上)(下)〈聖母少女〉
牧野　修　黒娘 アウトサイダー・フィメール
毎日新聞夕刊編集部　女はトイレで何をしているのか？〈現代ニッポン人の生態学〉
前田司郎　愛でもない青春でもない旅立たない
間庭典子　走れば人生見えてくる
松本裕士　兄弟〈追憶のhide〉
枡野浩一　結婚失格
円居　挽　丸太町ルヴォワール
円居　挽　烏丸ルヴォワール
円居　挽　今出川ルヴォワール
円居　挽　河原町ルヴォワール
松宮　宏　秘剣こいわらい
松宮　宏　くすぶり亦蔵《またぞう》〈秘剣こいわらい〉
丸山天寿　琅《ろう》邪《や》の鬼
丸山天寿　琅《ろう》邪《や》の虎

町山智浩　アメリカ格差ウォーズ 99%対1%
松岡圭祐　探偵の探偵
松岡圭祐　探偵の探偵 II
松岡圭祐　探偵の探偵 III
松岡圭祐　探偵の探偵 IV
松島泰勝　琉球独立宣言〈実現可能な五つの方法〉
三好　徹　政・財 腐蝕の１００年
三好　徹　政・財 腐蝕の100年 大正編
三浦哲郎　曠野の妻
三浦綾子　ひつじが丘
三浦綾子　岩に立つ
三浦綾子　青い棘《とげ》
三浦綾子　イエス・キリストの生涯
三浦綾子　あのポプラの上が空
三浦綾子　小さな一歩から
三浦綾子　増補決定版 言葉の花束〈愛といのちの792章〉
三浦綾子　愛すること信ずること
三浦光世 三浦綾子　愛に遠くあれど〈夫と妻の対話〉
三浦明博　死《し》水《すい》

三浦明博　サーカス市場
三浦明博　感染広告
宮尾登美子　東福門院和子《まさこ》の涙
宮尾登美子　新装版天璋院篤姫(上)(下)
宮尾登美子　新装版 一絃の琴
皆川博子　冬の旅人(上)(下)
宮崎康平　新装版 まぼろしの邪馬台国 第1部・第2部
宮本　輝　ひとたびはポプラに臥す1～6
宮本　輝　骸骨ビルの庭(上)(下)
宮本　輝　新装版 二十歳《はたち》の火影《ほかげ》
宮本　輝　新装版 命の器
宮本　輝　新装版 避暑地の猫
宮本　輝　新装版 ここに地終わり 海始まる(上)(下)
宮本　輝　新装版 花の降る午後(上)(下)
宮本　輝　新装版 オレンジの壺(上)(下)
宮本　輝　にぎやかな天地(上)(下)
宮本　輝　新装版 朝の歓び(上)(下)
峰　隆一郎　寝台特急「さくら」死者の罠
宮城谷昌光　俠骨記

三津田信三 凶鳥《まがとり》の如き忌むもの
三津田信三 首無《くびなし》の如き祟るもの
三津田信三 山魔《やまんま》の如き嗤《わら》うもの
三津田信三 水魑《みづち》の如き沈むもの
三津田信三 密室《ひめむろ》の如き籠《こも》るもの
三津田信三 生霊《いきだま》の如き重《だぶ》るもの
三津田信三 幽女《ゆうじょ》の如き怨むもの
三津田信三 スラッシャー 廃園の殺人
三津田信三 シェルター 終末の殺人
三津田信三 ついてくるもの
宮下英樹と「センゴク」取材班 センゴク合戦読本
宮下英樹と「センゴク」取材班 センゴク武将列伝
三輪太郎 あなたの正しさと、ぼくのセツナさ
三輪太郎 死という鏡〈この30年の日本文芸を読む〉
汀《みぎわ》こるもの パラダイス・クローズド〈THANATOS〉
汀《みぎわ》こるもの まごころを、君に〈THANATOS〉
汀《みぎわ》こるもの フォークの先、希望の後〈THANATOS〉
宮田珠己 ふしぎ盆栽ホンノンボ
道尾秀介 カラスの親指〈by rule of CROW's thumb〉
道尾秀介 水の柩
深木《みき》章子《あきこ》 鬼畜の家
深木章子 衣更月《きさらぎ》家の一族
深志《みゆき》美由紀 美食の報酬
三木笙子 百年の記憶〈哀しみを刻む石〉
村上龍 海の向こうで戦争が始まる
村上龍 アメリカン★ドリーム
村上龍 ポップアートのある部屋
村上龍 走れ！タカハシ
村上龍 愛と幻想のファシズム(上)(下)
村上龍 村上龍全エッセイ〈1976～1981〉
村上龍 村上龍全エッセイ〈1982～1986〉
村上龍 村上龍全エッセイ〈1987～1991〉
村上龍 超電導ナイトクラブ
村上龍 イビサ
村上龍 長崎オランダ村
村上龍 フィジーの小人
村上龍 368Y Par4 第2打
村上龍 音楽の海岸
村上龍 村上龍料理小説集
村上龍 村上龍映画小説集
村上龍 ストレンジ・デイズ
村上龍 共生虫
村上龍 新装版 限りなく透明に近いブルー
村上龍 新装版 コインロッカー・ベイビーズ
村上龍 歌うクジラ(上)(下)
村上龍 坂本龍一 EV.Café——超進化論
向田邦子 眠る盃
向田邦子 夜中の薔薇
村上春樹 風の歌を聴け
村上春樹 1973年のピンボール
村上春樹 羊をめぐる冒険(上)(下)
村上春樹 カンガルー日和
村上春樹 回転木馬のデッド・ヒート
村上春樹 ノルウェイの森(上)(下)
村上春樹 ダンス・ダンス・ダンス(上)(下)
村上春樹 遠い太鼓
村上春樹 国境の南、太陽の西

2015年9月15日現在